Aperitivos y tapas
Caprichos de los sentidos

ediciones
Lectio

Con Sabor a Mediterráneo

Mariona Quadrada y Josep Borrell Garciapons

Aperitivos y tapas
Caprichos de los sentidos

Primera edición
Octubre del 2009

© de los textos: Mariona Quadrada

© de las fotografías: Josep Borrell Garciapons

© de esta edición: Lectio Ediciones
C. de la Violeta, 6 • 43800 Valls
Tel.: 977 602 591 • Fax: 977 614 357
lectio@lectio.es
www.lectio.es

Diseño y composición
Imatge-9, SL

Impresión
Anfigraf

ISBN
978-84-96754-33-1

Depósito legal
L-799-2009

Los autores

Mariona Quadrada

Mariona Quadrada (Reus, 1956) se licenció en filología catalana en el año 1979 por la Universidad de Barcelona. En 1984 creó la escuela de cocina Taller de Cuina Mariona Quadrada, en Reus, y desde entonces se dedica a la docencia culinaria. En el año 1996 presentó la ponencia "El paisatge de secà" en el transcurso del Segon Congrés Català de la Cuina. Ha publicado más de cuarenta libros de cocina, ha participado en diversos proyectos para instituciones, programas de radio, televisión y escribe artículos para varias publicaciones. Actualmente continúa con su tarea culinario-educativa y sigue plasmando sus experiencias en libros como éste.

Josep Borrell Garciapons

Josep Borrell cursó estudios de arquitectura. Estudió diseño y fotografía en la escuela Eina. Amplió su formación de técnicas fotográficas en Barcelona y Suiza. Se ha encargado de la ilustración fotográfica de once libros de guías, literatura, arte y gastronomía. Ha publicado fotografías en portadas de revistas de arquitectura, fotografía y moda, y ha ilustrado, también, catálogos de arte. Su obra ha sido expuesta en Reus, Tarragona, Barcelona y Palma, y ha llevado a cabo reportajes fotográficos en 31 países.

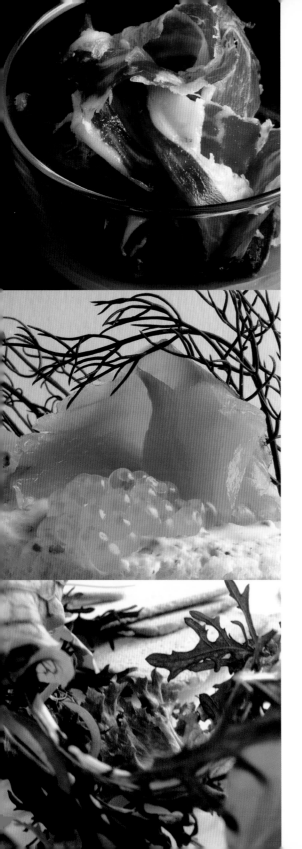

Índice de recetas

Introducción

TRADICIÓN E INNOVACIÓN

El conocido escritor y periodista Jean-François Revel dice en su libro *Un festín en palabras*, de la colección "Los Cinco Sentidos" de Tusquets, que la cocina proviene de dos orígenes o fuentes:

1) La cocina popular, que bebe de la tradición, transmitida oralmente y a través de la experiencia de padres a hijos.

2) La cocina sabia o profesional, nacida de las necesidades de las clases altas, que normalmente no son necesidades de supervivencia, sino puramente lúdicas.

Según nuestro punto de vista, las reflexiones de Revel, aunque cuentan ya con años de existencia, son absolutamente actuales y perdurables. Son afirmaciones pronunciadas desde una lógica clasicista y que, por lo tanto, siempre estarán vigentes. Por todo esto, nos gustará adentrarnos en ellas un poco más.

La primera, la cocina popular, es fruto del entorno geográfico y climático de cada lugar. Combina los productos de una forma natural y utiliza unas técnicas que se transmiten de generación en generación y que se basan en el valor de la experiencia. Este valor es único y bastante estático. Por ejemplo, en verano se comen pistos o similares porque es el momento de los productos que los forman. En la cocina tradicional no existe un plato de invierno con pimiento o berenjena ni un postre con membrillo en agosto: en verano se nos ha acabado ya, o no nos apetece hasta el otoño siguiente. No tiene mucho sentido elaborar esta cocina en otro lugar que no sea el de su origen, básicamente porque el producto o su estacionalidad no se parecerá a aquello que esperamos. Por lo tanto, es una cocina que no viaja o no le sientan bien los viajes. Por otra parte, se trata de una cocina que crea lazos, sentimientos, afectos, y que cumple una función alimenticia, lúdica, relacional y de identificación con su entorno.

La segunda, la sabia o profesional, es fruto de la demanda de un grupo social determinado, se debe a la moda y al deseo de innovación que este grupo necesita para su forma de autoafirmarse. Su misión es la de sorprender constantemente, se alimenta de la invención, la renovación y la experimentación y, algunas veces, cae en la exageración o el esnobismo, ya

que no todo aquel que la produce disfruta del don del artista. Este tipo de cocina sí viaja, sus usuarios también lo hacen. Y no sólo viaja por el espacio, de un sitio a otro, sino que lo ha hecho también a través del tiempo, gracias a la escritura. Esta cocina provoca una situación de curiosidad y alerta y, como *boom* que es, interesa a los medios de comunicación.

Esta forma de *boom* actual se había dado ya en otras sociedades en decadencia: al final del Imperio Romano, en la Edad Media, al final del Imperio y antes de la Revolución Francesa. Sólo repasando la historia de la cocina en Cataluña durante el siglo XX encontramos un período interesante que nos acerca al actual. A principios de siglo, la burguesía catalana adoptó, a través de los restaurantes, pero también en sus casas, la cocina académica francesa, bastante abarrocada, como signo de distinción y buen gusto. De esta forma, platos y técnicas como una *velouté*, una *blanquette* o unas *quenelles* han permanecido en nuestros recetarios y, ¿por qué no?, en nuestras mesas.

Lo más probable es que ahora que se ha avanzado tanto en la experimentación y la novedad vuelva el ciclo de la tradición, y que permanezcan entre nosotros aquellas técnicas, productos y creaciones que, a través de sus progenitores, hayan dejado huella en nuestras almas.

COCINERAS Y COCINEROS

En Occidente vivimos en un mundo donde la figura del absoluto ha perdido cualquier valor simbólico, es una referencia perdida en general, y curiosamente no sólo para la población atea, sino incluso para una gran parte de aquellos que se declaran creyentes. De alguna forma, no hemos sabido derivar esta necesidad religiosa, esta espiritualidad, hacia otros ámbitos o hacia la naturaleza de la cual todos formamos parte. A nivel global, no hemos encontrado caminos para repartir entre la humanidad la idea de absoluto.

Cuando se provoca esta ausencia, este vacío, sobreviene la necesidad de encontrar dioses en la tierra, mitos, mitificar personas de carne y hueso y convertirlas en seres superiores para así poder imitarlas y alabarlas como modelos a seguir y no sentirnos solos y angustiados ante la inmensidad del universo.

Aceptaremos que este fenómeno siempre ha existido y que los artistas, los creadores, son una muestra de ello. Sí, pero cada época histórica forma sus claves interpretativas, salidas de su realidad, y nos interesa la que se ha seguido en este caso.

En la figura del cocinero, la clave es deconstructivista, donde los significados de la obra, del plato, de la cocina, en este caso, son siempre sustitutivos, y donde sólo permanece la referencia del creador, la huella del artista, todo se centra en él. Generalmente, esta actitud nos lleva a la veneración sin crítica.

Podríamos establecer comparaciones con distintas artes o disciplinas, aunque no es lo mismo, porque a la cocina, y desde nuestra óptica, no se le puede robar el significado cotidiano, de patrimonio, de obligación y de placer de todos, y no se puede trasladar, entera, al terreno elitista del que sólo pueden disfrutar unos pocos privilegiados. La cocina es de todos, no es como la literatura o la pintura, la cocina tiene una presencia cotidiana, porque aquello que la causa es el hambre y comer, en origen es una necesidad fisiológica, un acto de subsistencia.

Por lo tanto, nos inclinaríamos, aludiendo a las teorías narratológicas de Roland Barthes, hacia una clave de interpretación estructuralista, pasada de moda, y diríamos que los autores sólo tienen el poder de mezclar elementos comestibles, platos y formas de cocinar ya existentes, referencias que les sirven para inspirarse en la gran despensa y la cultura culinaria ya existente. En cocina es difícil que la obra o el plato sea signo de alguien, más bien es una suma de sabores y formas sabidas. La cocina, pues, como la literatura, es intertextualidad, y el cocinero, sin dejarlo de lado, por la parte creativa que le corresponde, no está por encima del bien y del mal. Todos, potencialmente, somos cocineros.

APERITIVOS Y TAPAS

El subtítulo, *Caprichos de los sentidos*, responde a la frivolidad o a la no necesidad que conllevan este tipo de elaboraciones, desde el significado más primario de la cocina y la comida. Ahora bien, no olvidemos que la cocina y la comida son, en gran parte, placer, sobre todo cuando las necesidades primarias están cubiertas, como reflexionábamos más arriba.

Nos encontramos, pues, ante un ítem de la cocina puramente lúdico, exclusivamente de pasatiempo y con un sentido relacional profundo. Pensemos que cuando montamos una comida de pica-pica, un pequeño bufé, una mesa larga donde puede haber de todo y más, sobre todo muy diverso, los ojos se nos escapan y, como el perro de Pavlov, en un acto reflejo involuntario, empezamos a segregar jugos, que indican apetencia y deseo. Nunca como en este tipo de comidas mostramos, quizás inconscientemente, este sentimiento ante la comida.

Por un lado, creemos que es una forma de comer totalmente adecuada a la época en que vivimos: platos o platitos bien presentados, de colores llamativos, mucha imagen sugerente, aquello que entra por los ojos. Por el otro, las cantidades de estos platos son mínimas, como tienen que ser los aperitivos y tapas. Un tipo de cocina que cuaja al instante en nuestra época, en la que asociamos la poca cantidad a salud y figura y despreciamos, en general, la sensación de saciedad exagerada. Pero estos platos pequeños también conllevan otra cuestión muy propia de la actualidad: lo efímero de los actos o de las sensaciones, deseos intensos y fugaces. Además, como no son platos enteros propician el movimiento, la relación entre personas, sea en casa o en la barra de un bar, no nos hace falta una mesa puesta al estilo convencional, invitan a la informalidad, otra característica de nuestros tiempos.

Por todo esto, porque fomentan la creatividad del ejecutor y porque nos ampara una larga tradición y muchísima variedad, esta forma de comer ha viajado por el mundo entero con éxito indiscutible. Así, la palabra *tapa*, que nos llega del hecho de tapar los vasos de vino con una rebanada de pan en las tabernas de hace unos siglos para evitar la presencia de polvo o mosquitos, ha adquirido todos los significados expuestos más arriba.

El aperitivo no es exactamente lo mismo, o al menos no conlleva los mismos significados, es un entretenimiento que, en principio, se toma antes de la comida para prepararnos y abrirnos el apetito.

LAS RECETAS

Hemos intentado reflejar un tipo de tapas tradicionales, de las más antiguas a las que se han creado a lo largo del tiempo. Así, podréis encontrar desde caracoles, callos o croquetas hasta buñuelos o pinchos de toda la vida. También encontraréis aperitivos y tapitas modernas, como unas brochetas de plátano y coco, unas pizzetas con cebolla confitada y boquerón y una larga lista de propuestas fáciles, llamativas, pero, sobre todo, cocinadas partiendo de cero con sabores auténticos y marcados.

No vamos a contar nada más, abrid las páginas y hurgad en ellas, ¡a ver qué escogéis primero!

Las recetas

Copa de aguacate y gamba

Ingredientes para 8 unidades  40 min

1 aguacate, 1 cucharadita de cebolla triturada, 2 cucharadas de zumo de limón o lima, aceite, sal, 8 gambas rojas, 1 tomate maduro, un brote de cilantro o perejil.

Productos

La lima no es tan ácida como el limón y tiene un sabor ligeramente más perfumado, hacia mentolado. El cilantro, que presenta una forma parecida al perejil, lo podemos adquirir en grandes supermercados o en tiendas especializadas. Si no se encuentra, se puede sustituir por perejil.

Procedimiento

Partimos el aguacate en dos mitades de arriba abajo. Le quitamos el hueso y, con una cuchara, quitamos también la pulpa. La aplastamos con un tenedor y la rociamos enseguida con el zumo de lima. Trituramos la cebolla muy pequeña y la mezclamos con el aguacate. Ponemos sal, aceite y el cilantro o el perejil triturados. Hacemos una pasta y la introducimos en la nevera. Aparte, pelamos el tomate y le quitamos las pepitas. Lo cortamos en pequeños cubos y lo aliñamos con aceite y sal. Lo reservamos hasta que el aguacate esté frío y compacto. Después, llenamos los vasitos con el aguacate hasta un poco más de la mitad. Encima colocamos unos daditos de tomate. Hacemos las gambas a la plancha con sal y una gota de aceite. Las cocemos estrictamente 30 segundos por lado y ponemos una encima de cada vasito. Lo servimos con las gambas calientes.

Comentarios

Si queremos que este aperitivo tenga un toque picante, podemos añadir al aguacate unas gotitas de tabasco o bien pimienta de Cayena triturada.

Copita de calabaza con parmesano

Ingredientes para 8 unidades  30 min

1/2 kg de calabaza amarilla sin cáscara, 1/2 cebolla, aceite, sal, pimienta blanca, agua, 25 cc de crema de leche, 50 g de virutas de parmesano.

Productos

La calabaza es una hortaliza de otoño-invierno y hay de distintas clases. Para esta receta debe usarse la de pulpa amarilla y más bien madura.

Procedimiento

Ponemos aceite en una olla y echamos la cebolla en juliana. La sofreímos un poco sin que coja color. Añadimos la calabaza cortada en dados pequeños y lo cubrimos todo con agua. Lo dejamos hervir 20 minutos, echamos sal y, si se quiere, pimienta blanca. Antes de triturarlo, comprobamos que la calabaza esté muy blanda. Lo dejamos fino como un puré y añadimos la crema de leche. Lo ponemos en los vasitos. En el momento de servir la cremita, ponemos unas cuantas virutas de parmesano encima.

Comentarios

Recomendamos este aperitivo en caliente. Por un lado, se adecua más a la época del año que le es propia y, por otro, es más agradable con la fluidez que le proporciona el calor. Se puede prescindir de la crema de leche.

Gelatina de melón con jamón y bolitas

Ingredientes para 8 unidades 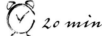 20 min

1/4 de pulpa de melón, 3 hojas de gelatina neutra, 3 cucharadas de vino de oporto, 50 g de virutas de jamón ibérico, 8 bolitas de melón *cantaloup*, 8 bolitas de sandía.

Productos

Algunas marcas de congelados ofrecen bolsas o cajitas de bolitas de melón verde, melón amarillo o *cantaloup* y sandía. Se pueden utilizar estas bolsas o hacer las bolitas en casa con la ayuda de una cucharilla especial para hacer bolitas de patata.

Procedimiento

Ponemos las hojas de gelatina en un recipiente cubiertas con agua fría hasta que se ablanden. Calentamos el vino al fuego o en el microondas y le añadimos las hojas de gelatina remojadas. Removemos para deshacerlas totalmente. Ponemos el melón en una trituradora, añadimos el vino con la gelatina, sal y pimienta. Lo echamos en vasitos anchos y los llenamos hasta la mitad. Lo dejamos en la nevera hasta que la gelatina cuaje. Hacemos las bolitas de sandía y *cantaloup* y el jamón en virutas pequeñas. En el momento de servirlo, cubrimos la gelatina con bolitas y jamón.

Comentarios

El tiempo de realización de este aperitivo es relativamente poco, aunque hay que añadirle el tiempo de reposo, que puede ser de 1 hora aproximadamente.

Ajoblanco con uvas

Ingredientes para 8 unidades 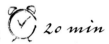 20 min

1 diente pequeño de ajo, 100 g de almendras tiernas, peladas y crudas, la miga de pan de una rebanada de 1/2 kg, 1 l de agua, sal, 25 cc de aceite, 4 ó 5 cucharadas de vinagre tradicional, 16 granos de uva moscatel.

Productos

Si no se dispone de almendras de producción propia es difícil elaborar este ajoblanco con la fruta tierna, ya que no se encuentra en el comercio en este estado. Si tenemos la posibilidad, resulta de un sabor inmejorable. Recomendamos el uso del vinagre tradicional para dar el sabor clásico al ajoblanco.

Procedimiento

Ponemos el ajo, las almendras peladas, la miga de pan y 1/4 de l de agua en el vaso de la batidora. Lo trituramos hasta que la almendra esté pulverizada y tenga aspecto de pasta. Aclaramos con el resto del agua y continuamos triturando. Condimentamos con aceite, sal y vinagre. Lo metemos en la nevera hasta que esté bien frío. Lo colocamos en los vasitos y, en el momento de servir, ponemos 2 granitos de moscatel pelados en cada uno.

Comentarios

El ajoblanco pertenece a la familia de los gazpachos andaluces, llamados *gazpachos blancos*. Los hay tan sencillos como, por ejemplo, los que se elaboran como un alioli aclarado con agua muy fría.

Espuma de guisantes con salmón ahumado

Ingredientes para 8 unidades 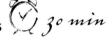 30 min

1/4 de kg de guisantes congelados, agua para cubrirlos y sal, 125 g de nata montada sin azúcar, 2 hojas de gelatina neutra, 150 g de salmón ahumado.

Productos

Los guisantes de este plato se pueden adquirir congelados de buena calidad.

Procedimiento

Ponemos los guisantes, cubiertos de agua caliente, en una olla. Les echamos sal y los dejamos hervir 15 minutos, sin tapar, para que conserven el color verde brillante. Los trituramos sin tirar el agua y los rectificamos de sal, si es necesario. Aparte, dejamos las hojas de gelatina en remojo en agua fría hasta que se ablanden. Las escurrimos y las mezclamos con la crema de guisantes. Montamos la nata con el batidor de varillas eléctrico, si no se ha adquirido montada, y la mezclamos con la preparación de guisantes una vez esté tibia. Colocamos la espuma en boles o copas individuales, o bien en un recipiente cualquiera para que, una vez cuajada, podamos hacer bolas o cucharadas. La dejamos en la nevera 3 ó 4 horas. Servimos la espuma fría con virutas de salmón por encima.

Comentarios

Éste no es un aperitivo para beber, sino para comer. A la hora de servirlo, será necesario clavar una cucharilla en la espuma o ponerlo en una bandeja para que los comensales se lo puedan servir.

Cremita de rebozuelos anaranjados

Ingredientes para 8 unidades 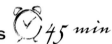 45 min

1/2 cebolla, 1/2 puerro, 1 rebanada de pan tostado, 300 g de rebozuelos, sal, aceite, 100 cc de crema de leche, harina.

Productos

El rebozuelo anaranjado, también conocido como rebozuelo de pino, es una seta de tallo fino de color anaranjado, con el sombrero muy pequeño de color marrón. Crece en colonias y, por lo tanto, cuando se encuentran, los hay en cantidad. Tiene un sabor penetrante a tierra de bosque y es ideal para rellenos, sopas y salsas.

Procedimiento

Pelamos y cortamos la cebolla y el puerro a trozos. Lo sofreímos a medio color en una olla con aceite. Reservamos 150 g de setas y el resto lo echamos en la olla con la cebolla y el puerro. Una vez hayan dado dos vueltas, lo cubrimos todo con agua, echamos la rebanada de pan tostado y sal y lo hervimos 30 minutos. Lo trituramos hasta que quede muy fino. Rectificamos de sal, si es necesario, y añadimos la crema de leche. Una vez arranque el hervor de nuevo, apagamos el fuego y servimos caliente. El resto de las setas se rebozan con harina y se fríen. Se sirven 3 ó 4 sobre cada vasito. Se puede prescindir de la crema de leche.

Comentarios

Los rebozuelos suelen llegar llenos de pinaza y tierra. Hay que ponerlos en remojo y limpiarlos con paciencia. Antes de cocinarlos, hay que escurrirlos muy bien.

Copita de tsatsiki

Ingredientes para 8 unidades 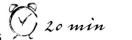 20 min

2 pepinos, 1/2 cebolla, 50 cc de agua fría, 2 yogures griegos, media cucharadita de comino, sal, 4 cucharadas de aceite, 6 ó 7 hojas de menta.

Productos

El pepino es una hortaliza muy fresca de verano que, aparte de consumirse en ensalada, también se puede transformar en crudo, como aquí, o cocinado.

Procedimiento

Pelamos la cebolla y los pepinos. Lo cortamos en cubos y lo ponemos en la trituradora. Añadimos también el agua, los yogures, la sal, el comino y el aceite. Trituramos tan fino como sea posible y lo metemos en la nevera. Servimos en vasitos con la menta encima, o triturada con el resto de ingredientes. De esta manera notaremos más el sabor.

Comentarios

El problema del pepino es que cuenta con muchos detractores. Recomendamos no desvelar los ingredientes de este vasito, porque así tendrá éxito generalizado y seguro.

Sopita de guisantes con jamón

Ingredientes para 8 unidades  30 min

300 g de guisantes, agua, sal, 50 g de jamón ibérico.

Productos

Los guisantes, como sabemos, son legumbres de primavera, y los hay de distintas clases, de grano grande o pequeño, con intensidades diferentes de textura harinosa y de sabor más o menos dulzón. Para la elaboración de esta receta se pueden adquirir frescos o escogerlos congelados de buena calidad.

Procedimiento

Echamos los guisantes en una olla, los cubrimos con agua caliente y añadimos sal. Tapamos la olla hasta que empiece a hervir y, en este momento, los descubrimos para que no pierdan su color verde brillante. Cocemos entre 8 y 12 minutos o hasta que veamos que están blandos. Los pasamos por la trituradora con toda el agua. Colamos la mezcla triturada con un colador de malla fina o chino y, si es necesario, rectificamos de sal. Lo dejamos en la nevera si es para comer frío, o lo ponemos en los vasitos. Desmenuzamos el jamón ibérico en pequeñas tiras de arriba abajo. Colocamos 2 ó 3 tiras en cada vaso. Se puede servir con cucharilla.

Comentarios

Este aperitivo se puede servir frío o caliente, dependiendo de la época del año o de la intención de la comida a la cual pertenece. En cualquier caso, es conveniente advertir que, en frío, adquiere más cuerpo y, por lo tanto, es posible que sea necesario añadirle agua, eso sí, en la cantidad justa para que no pierda sabor.

Gazpacho de manzana ácida

Ingredientes para 8 unidades 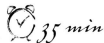 35 min

2 manzanas ácidas, 1/2 pepino, 1/2 pimiento verde, 1 cucharada de cebolla, 6 cucharadas de aceite, gotas de vinagre tradicional, 5 g de *curry*, sal. ACOMPAÑAMIENTO: el resto del pimiento
verde, aceite.

Productos

Para los gazpachos recomendamos el uso de vinagre tradicional. Tiene un punto más ácido que los balsámicos y nos acerca más a su sabor original. También resulta más refrescante.

Procedimiento

Pelamos el pepino y la cebolla y los ponemos en la trituradora.
Mezclamos también las manzanas, el pimiento verde, sal, el
aceite, el vinagre y el *curry*. Cuando esté bien fino, lo colamos
y lo metemos en la nevera. En el momento de servir, lo echamos en los vasitos y lo adornamos con unas tiras muy finas
del pimiento verde sobrante.

Comentarios

Éste es un aperitivo de los más refrescantes que encontraremos en todo el libro. Sólo hay que tener cuidado de mezclar
el vinagre con la manzana desde el primer momento. El ácido
provocará que la mezcla conserve un color claro sin oxidar.

Gazpacho de sandía con gelatina de albahaca

Ingredientes para 8 unidades  40 min

GELATINA: un ramito de albahaca fresca, 1/4 de l de agua, sal,
3 hojas de gelatina. GAZPACHO: 750 g de sandía limpia, 1 pepino, 1 yogur natural, 1 cucharada de cebolla, 1/2 pimiento rojo,
6 cucharadas de aceite, sal, vinagre tradicional, otro yogur.

Productos

La albahaca, hierba aromática de verano, es muy conocida como
ingrediente principal de la salsa pesto. También sirve para hacer
aceite o infusión y utilizarlos como aromatizante en distintos platos.

Procedimiento

GELATINA: cuando el agua arranque el hervor, echamos la albahaca a hojitas y un poco de sal y lo dejamos tapado 5 minutos. Se
pueden sacar las hojas o triturarlas para que quede la gelatina
manchada. Aparte, ponemos las hojas de gelatina en remojo en
agua fría. Una vez ablandadas, las sacamos y las mezclamos con
la infusión caliente. La echamos en los vasitos hasta un poco más
de la mitad y la dejamos enfriar en la nevera hasta que cuaje.
GAZPACHO: trituramos todos los ingredientes pelados, menos el pimiento, sin olvidar el yogur. Aliñamos con aceite, sal y vinagre tradicional al gusto. Si queda suficientemente fino no es necesario
colar. Lo dejamos enfriar en la nevera y lo echamos sobre la gelatina cuajada. En el momento de servir, ponemos una cucharadita
de yogur y una hojita de albahaca fresca sobre el gazpacho.

Comentarios

El sabor de este gazpacho es tan sorprendente que a menudo provoca especulaciones sobre sus ingredientes. Difícilmen-
te alguien adivina.

Hígado de cordero con cebolla agridulce

Ingredientes para 8 raciones  1 hora

1/2 kg de hígado de cordero en lonchas, 3 cebollas grandes, 50 g de azúcar, 100 cc de vinagre balsámico, aceite, sal, pimienta.

Productos

Los hígados más consumidos son los de ternera, cerdo y cordero. También hay adeptos al hígado más pequeño, como el de pollo o el de conejo. Proponemos el de cordero, pero se puede sustituir por cualquiera de los otros.

Procedimiento

Al adquirirlo pedimos que nos corten el hígado en lonchas de dos centímetros de grosor. Lo salpimentamos. Echamos un chorrito de aceite en una sartén y luego el hígado, de forma que adquiera color por ambos lados. Lo retiramos. Si el aceite no se ha ensuciado demasiado, añadimos más, junto con la cebolla, cortada en juliana muy fina, y la doramos bastante. Cuando tenga un buen color oscuro, añadimos agua hasta que la cubra y dejamos que se consuma completamente, así la cebolla quedará tierna. En este punto, añadimos el azúcar y lo dejamos caramelizar. Enseguida echamos el vinagre y reducimos hasta que casi desaparezca. Volvemos a colocar el hígado y cocemos un par de minutos más.

Comentarios

El hígado es un producto que no gusta a todo el mundo. Si se ofrece con esta cebolla agridulce, seguro que habrá quien repita.

Callos con garbanzos y butifarra negra

Ingredientes para 8 raciones 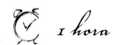 1 hora

1/2 kg de callos cocidos, 1 butifarra negra, 300 g de garbanzos cocidos. PICADILLO: 4 ajos asados, 2 tomates asados, 50 g de almendras tostadas, 1 cucharada de pimentón picante, perejil, aceite, sal.

Productos

Actualmente resulta muy fácil hacer estos platos con callos porque tanto los establecimientos especializados en menudillos como la mayoría de supermercados nos los ofrecen limpios y cocidos, cosa que acorta la elaboración considerablemente. Podemos encontrarlos de ternera, de cerdo o de cordero, la elección siempre es personal.

Procedimiento

Pelamos los ajos, las almendras y los tomates y los echamos en la trituradora con el pimentón, el perejil, un chorro de aceite y uno de agua. Trituramos procurando que no quede fino como una pasta, sino que se reconozca un poco el granito de la almendra. Aparte, en una cacerola con aceite, ponemos los callos cortados en trozos. Enseguida, añadimos el picadillo y, si es necesario, más agua, de manera que los callos queden medio cubiertos. Cocemos a fuego lento durante 30 minutos. Añadimos la butifarra cortada en rodajas gruesas, los garbanzos hervidos y sal. Seguimos la cocción 10-15 minutos más a fuego lento hasta que el caldo quede bien mezclado con el resto de ingredientes.

Comentarios

En origen, los garbanzos y los callos se cocían a la vez y, a partir de ahí, se añadían los elementos de sabor. De esta forma la elaboración resulta más rápida. Para asar los ajos y el tomate, se puede hacer al horno, a la plancha, o directamente sobre la llama.

Riñones al jerez con trufa

Ingredientes para 8 raciones  *1 hora*

1/2 kg de riñones, 3 cebollas, 1 trufa, 100 cc de jerez, aceite, sal, pimienta, 15 g de mantequilla.

Productos

Los riñones se pueden adquirir, básicamente, de ternera, de cerdo y de cordero, según el gusto o costumbre de cada cual. El tratamiento previo es el mismo en todos ellos.

Procedimiento

Cortamos los riñones siguiendo su misma forma o en cubos. Los dejamos en un baño de agua y vinagre durante 30 minutos. Los escurrimos y los lavamos bien con agua fría. Seguidamente, los ponemos en una sartén con un poco de sal y, a fuego lento, provocamos que saquen su agua. Los volvemos a lavar con agua fría y empezamos la cocción. Cortamos la cebolla en juliana fina y la doramos en aceite hasta que adquiera un buen color. La cubrimos de agua y, una vez se haya evaporado, añadimos los riñones. Les damos un par de vueltas y añadimos la mantequilla y el jerez. Reducimos y ponemos la trufa a trocitos o rallada y pimienta. Los cocemos tapados, a fuego lento, con un vasito de agua durante 20 minutos. Dejamos que la salsa adquiera cuerpo y los servimos.

Comentarios

Ésta es una tapa de guiso que ha ido desapareciendo de muchos bares de tapas. Si os gustan los menudillos, probadlos.

Champiñones rellenos

Ingredientes para 8 raciones  *30 min*

16 champiñones bien grandes, 2 latas de anchoas, 2 tomates, 4 cucharadas de pan rallado, 1 ajo, perejil, aceite, sal.

Productos

Dado que los champiñones encogen al perder el agua, es conveniente escogerlos bien grandes. Si son pequeños se hace difícil rellenarlos. Al comprarlos comprobad que sean muy blancos, es decir, tiernos.

Procedimiento

Retiramos los tallos de los champiñones. Los limpiamos bajo el chorro del grifo, fregando con los dedos, y los escurrimos bien. Los ponemos en una sartén o plancha con unas gotitas de aceite y sal y con las láminas hacia arriba. Una vez hayan adquirido color, los retiramos. Aparte, pelamos los tomates y los cortamos en cubos bien pequeños, los salteamos 2 minutos en la sartén con aceite y el ajo y el perejil triturados. Aplastamos las anchoas y lo mezclamos todo. Añadimos pan rallado y, con esta pasta, rellenamos los champiñones. Ponemos en marcha el gratinador y los dejamos hasta que estén crujientes.

Comentarios

Los tallos de los champiñones se pueden reservar para saltearlos en aceite y utilizarlos como acompañamiento, para echarlos en una salsa o para hacer un revuelto de huevo.

Almejas a la marinera

Ingredientes para 8 raciones 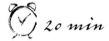 20 min

1 kg de almejas, 2 cebollas, 2 hojas de laurel, 15 g de harina, 50 cc de vino blanco, aceite, sal, pimienta.

Productos

Hay infinitas especies de almejas y esta receta se puede aplicar a todas. Las más fáciles de encontrar en el mercado son las de vivero, o también las chirlas. Estas últimas, a menudo de tamaño más pequeño, suelen ser más sabrosas que las primeras.

Procedimiento

Trituramos la cebolla muy pequeña y la sofreímos en aceite, a medio color. Luego le añadimos un vaso de agua para ablandarla. En ese mismo momento echamos el laurel. Una vez el agua se haya evaporado, añadimos la harina y removemos y, seguidamente, echamos el vino y le damos un hervor de reducción. Finalmente, ponemos las almejas, que habremos dejado 3 horas en agua y un puñado de sal, bien escurridas y limpias. Echamos sal, si es preciso, y pimienta negra. Una vez estén abiertas, se apaga el fuego y se sirven.

Comentarios

Las almejas, sobre todo las de piscifactoría, suelen tener mucha arena en su interior, por eso es conveniente dejarlas en remojo en agua y sal un buen rato, para que se abran un poco y la suelten.

Pulpo aliñado

Ingredientes para 8 raciones 1 hora y 30 min

2 patatas tiernas, 1/2 cebolla, pimienta negra, aceite sal, 1 huevo duro, 2 patas de pulpo cocidas.

Productos

El pulpo se puede comprar en los supermercados o en la pescadería ya cocido. Si lo queréis cocer en casa, consultad la receta del pulpo *a feira* y seguid sus indicaciones.

Procedimiento

Ponemos las patatas con piel y bien limpias en una olla, cubiertas de agua. Las llevamos al fuego y, al arrancar el hervor, bajamos la temperatura. Las cocemos hasta que, al clavarles un cuchillo, se puedan traspasar. Es difícil definir el tiempo de cocción sin conocer el tamaño de las patatas. Las escurrimos y las dejamos enfriar completamente. Seguidamente, las pelamos, las hacemos a trozos medianos y las ponemos en boles individuales de cristal o transparentes. Pelamos el huevo duro, lo cortamos y lo añadimos a las patatas. Hacemos lo mismo con las patas de pulpo. Picamos la cebolla pequeña y la echamos en los boles. Aliñamos todo con sal, pimienta y aceite abundante.

Comentarios

Para encontrar esta elaboración en su punto conviene prepararla 3 ó 4 horas antes del consumo para que las patatas se impregnen de los sabores de todos los demás ingredientes.

Pulpos picantes

Ingredientes para 8 raciones

1 hora

1 kg de pulpo de tamaño mediano, 1 cabeza de ajos, 1/2 sobre de hebras de azafrán, 1 guindilla, 1 cucharadita de pimentón dulce, 1 hoja de laurel, 50 cc de vino blanco, sal, aceite.

Productos

La guindilla es una variedad de pimiento largo, delgado y puntiagudo que se consume seco o asado. Se puede utilizar verde o más maduro y rojo.

Procedimiento

Limpiamos el pulpo, dándole la vuelta a la cabeza para retirar bien las tripas. Le cortamos los ojos y la boca y lo lavamos con agua fría. Aparte, pelamos los ajos y los freímos cortados a láminas hasta que se doren. Inmediatamente, añadimos el pimentón, el azafrán, el laurel y la harina indicada y removemos. Echamos el vino blanco para evitar que se quemen las especias y, seguidamente, los pulpos. Los cocemos a fuego lento y tapados 1 hora, o media hora en olla a presión. Si al terminar la cocción hay un exceso de salsa, llevamos, rápidamente, a ebullición fuerte para que reduzca y tenga cuerpo.

Comentarios

Las cocciones en olla a presión son rápidas y cómodas en casos como éste. Ahora bien, a veces los caldos o salsas nos quedan con exceso de agua y sin sabor, por eso es recomendable terminarlos con la olla destapada y hacer la reducción a la medida que se desee o que indique la receta.

Migas con jamón y uva

Ingredientes para 8 raciones

35 min

1 barra de pan de medio kilo del día anterior, 200 g de jamón de Teruel, 1 cebolla, 2 ajos, aceite, sal, 1/4 de kg de uva moscatel.

Productos

Para las migas se precisa un pan de miga muy prieta, un poco difícil de encontrar. De los que tengáis a mano, escoged el que se acerque más a este tipo y, sobre todo, que no sea del día.

Procedimiento

Cortamos el pan en rebanadas finas, lo humedecemos con agua y lo dejamos reposar así 2 horas. Mientras tanto, pelamos las cebollas y los ajos, lo trituramos todo y hacemos un sofrito más bien oscuro y muy meloso. Añadimos el jamón a tacos y vamos incorporando el pan escurrido y desmenuzado. Lo salteamos todo a fuego lento hasta que las migas estén crujientes. Lo servimos caliente con los granos de moscatel pelados por encima.

Comentarios

Se pueden encontrar migas en muchos lugares de España, desde Aragón, pasando por Castilla y hasta Andalucía. Es una de esas elaboraciones que van variando según las personas que las cocinan, el lugar de origen o la clase de pan, el ingrediente más importante.

Sepia con romesco o con alioli

Ingredientes para 8 raciones 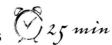 25 min

1 sepia grande de 1 kg, aceite, sal. **Romesco**: 3 ajos asados, 1 ajo crudo, 1 tomate asado, 150 g de almendras tostadas, 2 cucharadas de pulpa de pimiento de *romesco* o choricero, 1 guindilla pequeña o un trocito, aceite, sal, vinagre tradicional. **Alioli**: 50 cc de huevo pasteurizado, 1 ajo, sal, 200 cc de aceite.

Productos

Para la elaboración de aliolis o mayonesas existe la posibilidad de utilizar huevo pasteurizado, que no contiene salmonela. También se puede hacer cambiando el huevo por leche, aunque siempre queda de color más blanco.

Procedimiento

Romesco: asamos el ajo y los tomates en el horno o a la plancha, lo pelamos todo y lo ponemos en el bote de la trituradora. Echamos también el ajo crudo, las almendras tostadas y peladas, la guindilla y el pimiento de *romesco* o choricero. Añadimos sal, vinagre, 4 cucharadas de agua, y aceite que lo cubra todo. Batimos procurando que no resulte tan espeso y homogéneo como una mayonesa, sino que se note el granito de la almendra. **Alioli**: ponemos el ajo, la sal y el huevo en el bote de la batidora, añadimos la mitad del aceite y batimos hasta que esté totalmente integrado. Echamos, poco a poco, el resto del aceite hasta que lo veamos ligado. **Sepia**: limpiamos la sepia y la cortamos a cubos. Arrimamos una olla al fuego con agua para hervir. Una vez arranque el hervor, echamos la sepia, apagamos el fuego y la dejamos un minuto. La escurrimos. Ponemos unas gotas de aceite en una sartén o en una plancha y marcamos los cubos de sepia con un poco de sal, a fuego no muy fuerte, hasta que adquieran un color dorado. La dejamos enfriar y la mezclamos con *romesco* o con alioli según la elección.

Comentarios

Ésta es una tapa típica catalana. En los bares tradicionales se encuentran, a menudo, las dos variedades.

Habas para mojar

Ingredientes para 8 raciones  35 min

700 g de grano de haba fresca, aceite, sal. **Salsa**: 4 ajos asados, 2 tomates asados, 1 galleta maria, 150 g de almendras tostadas, 1 cucharada de pimentón dulce, una guindilla pequeña o un trocito, aceite, sal, vinagre tradicional, un ramo de hierbabuena fresca.

Productos

Sabemos que las habas podemos adquirirlas congeladas, pero si pueden ser frescas y ceñirnos a su temporada natural, encontraremos un abismo gustativo. A las habas congeladas siempre les queda la piel dura. La hierbabuena es un tipo de menta que también se conoce como *hierba de las habas*.

Procedimiento

Ponemos agua con abundante sal a hervir. Cuando arranque el hervor, echamos las habas y las cocemos, destapadas, entre 5 y 10 minutos, dependiendo de la ternura del grano. Las escurrimos y las untamos con aceite crudo. **Salsa**: asamos los ajos y los tomates al horno o a la plancha, les quitamos la piel y los ponemos en el bote de la trituradora. Echamos también las almendras tostadas y peladas, la galleta, la guindilla, el pimentón y las hojitas de menta. Añadimos sal, vinagre, 4 cucharadas de agua, y aceite que lo cubra todo. Batimos poco a poco, teniendo cuidado de que no quede homogéneo como una mayonesa, sino que se note el grano de la almendra. Servimos las habas frías o calientes en plato o cazuelita y la salsa en pequeños boles individuales, aparte, para que cada cual las pueda ir mojando.

Comentarios

En Cataluña, en las comarcas del Camp de Tarragona, cuando es la época de las habas, es muy común hervirlas y mojarlas en esta salsa, que pertenece a la familia de los *romescos*.

Callos
a la madrileña

Ingredientes para 8 raciones  45 min

700 g de callos de ternera cocidos, 1/4 de kg de morro de ternera cocido, 2 cebollas, 2 tomates grandes, 6 ajos, 1 hoja de laurel, 200 g de chorizo, 200 g de jamón a tacos, 2 cucharadas de pimiento choricero, 1 cucharada de harina, perejil, 1 guindilla, aceite, sal.

Productos

Actualmente, los callos podemos encontrarlos en los supermercados y los comercios de menudillos ya limpios y cocidos, lo que acorta considerablemente la elaboración de este plato. Igualmente podemos adquirir pulpa de pimiento en botes de conserva o bien comprarlos secos, escaldarlos y rasparles la pulpa.

Procedimiento

Pelamos las cebollas y las picamos para sofrito. Las doramos con aceite en una cazuela y, seguidamente, echamos el tomate triturado o rallado, el laurel y los ajos con piel. Lo dejamos reducir de agua hasta que adquiera un aspecto reluciente. Añadimos el jamón a tacos y el chorizo a rodajas más bien gruesas. Lo dejamos un par de minutos y añadimos la guindilla, el pimiento y la harina. Removemos para que el jugo lo absorba, añadimos los callos y el morro cortados y el perejil triturado y lo cubrimos de agua. Lo dejamos cocer entre 20 y 30 minutos, hasta que veamos que el caldo espesa.

Comentarios

Como en todas las recetas tradicionales de un lugar, encontraríamos infinidad de variantes de este plato, aunque, también como siempre, la base sea la misma. A veces se añade también un trozo de mano de ternera o algún tipo de morcilla.

Esqueixada cocida

Ingredientes para 8 raciones  1 hora

500 g de bacalao grueso remojado, 3 tomates maduros, 1 pimiento rojo, aceite, sal.

Productos

El bacalao para este plato debe ser de la parte del morro o del lomo, es decir, más bien grueso, para que, una vez cocido, se abra a láminas.

Procedimiento

Asamos los tomates en una plancha o al horno hasta que estén bien blandos. Hacemos lo mismo con el pimiento. Lo dejamos enfriar, le quitamos la piel y las semillas. Trituramos los tomates, los escurrimos bien del agua que sueltan y los aliñamos con aceite y sal abundantes. Cortamos el pimiento a tiras y lo dejamos aliñado con sal y un chorro de aceite. Cocemos el bacalao en el microondas, a 600 W, durante 2 ó 3 minutos. Lo sacamos y lo dejamos enfriar un poco. Lo desmenuzamos a láminas y lo dejamos enfriar completamente. Lo mezclamos con el tomate y lo dejamos así 1 hora antes de servirlo. En el último momento, le ponemos encima las tiras de pimiento asado.

Comentarios

Esta *esqueixada* es una auténtica delicia. Como consta de pocos ingredientes, todo depende del producto y de cómo se trate. En el caso del bacalao, la gracia está en el punto de cocción de la parte interior, que debe quedar melosa, sin destruirle la gelatina.

Mollejas de cordero salteadas

Ingredientes para 8 raciones  40 min

1 kg de mollejas de cordero o cabrito, 4 ajos, perejil, 4 cucharadas de pan rallado más bien grueso, aceite, sal, pimienta.

Productos

Las mollejas, que se consumen de ternera o cordero, son unas glándulas ubicadas en la parte interior del cuello. En el caso de las primeras, se requiere más atención, más limpieza y más cocción. En Francia siempre se han considerado un manjar reconocido e importante en alta gastronomía y se llaman *ris de veau*. Las de cordero son más pequeñas, mucho más fáciles de tratar y una verdadera delicia de la gastronomía.

Procedimiento

Limpiamos las mollejas de las membranas que las envuelven y las dejamos en remojo en agua fría un mínimo de 30 minutos. Las escurrimos y las pasamos de nuevo por agua fría. Las escurrimos de nuevo y las secamos con un trapo. Echamos aceite en una sartén o cazuela con los ajos trinchados. Inmediatamente, añadimos las mollejas, sal y pimienta, y lo salteamos a fuego más bien lento, durante 5 ó 6 minutos. Añadimos el perejil triturado y el pan rallado y continuamos salteando 3 ó 4 minutos más hasta que el pan esté tostadito y las mollejas se hayan envuelto un poco en él. Las servimos enseguida.

Comentarios

Actualmente es muy difícil encontrar este producto entre las tapas de bar, a no ser que sea un lugar especializado. Desde aquí os recomendamos especialmente que os las preparéis en casa con esta receta o con cualquier otra de las múltiples que existen.

Patatas bravas clásicas

Ingredientes para 8 raciones  40 min

8 patatas grandes, agua, aceite, sal. **Salsa**: 2 cebollas, 6 ajos, 6 tomates, pimentón dulce, 1 guindilla, 25 g de harina, 100 cc de vinagre tradicional, 400 cc de agua.

Productos

Para las bravas, compramos patatas de pulpa blanca, que, en general, son las que mantienen la forma. Entre las corrientes encontramos las clases kennebeck, de piel marrón y pulpa blanca, o red pontiac, de piel roja y pulpa blanca.

Procedimiento

Salsa: pelamos y cortamos la cebolla en juliana sin preocuparnos mucho del tamaño. La echamos en una cacerola o sartén con aceite y la doramos. Añadimos los ajos pelados y enteros y dejamos que tomen un poco de color. Seguidamente rallamos o trituramos el tomate sin pensar en las semillas ni en las pieles. Lo freímos hasta que reduzca y quede reluciente y ponemos la guindilla y sal. Añadimos el pimentón y el vinagre y reducimos. Mezclamos la harina y removemos para que se integre en el conjunto. Echamos el agua y cocemos unos 10 minutos, o hasta que veamos que adquiere cuerpo de salsa. La pasamos por el colador chino o de malla y la reservamos. **Patatas**: las pelamos, las lavamos y las cortamos a cubos medianos. Las metemos en una olla con agua caliente abundante y sal. Dejamos que arranque el hervor y las dejamos 5 minutos. Las escurrimos y las dejamos enfriar. Ponemos aceite abundante en una sartén de pared alta o usamos freidora. Una vez caliente, aunque nunca hirviendo, echamos las patatas bien escurridas y las salteamos hasta que se doren por fuera y queden blandas por dentro. Las escurrimos del aceite, les echamos un poco de sal y las cubrimos con la salsa.

Comentarios

De las patatas bravas clásicas a las actuales hay un abismo, empezando por las propias patatas y siguiendo por la salsa. Para empezar, calentarlas en el microondas las ablanda. Por otra parte, se ha llegado a una salsa entre alioli y *ketchup* que las ha despersonalizado tanto que, las clásicas, con esta receta o cualquier otra por el estilo, resultan irreconocibles para muchos.

Conchas de calamar

750 g de calamares, 2 cebollas, 50 cc de vino rancio, 2 huevos duros, perejil, aceite, sal, queso o pan rallado, 8 conchas de vieira vacías y bien limpias.

Productos

En este caso se pueden utilizar calamares congelados de calidad, ya que forman parte de un relleno. Este relleno también se puede aprovechar para canelones, croquetas o verduras rellenas, eso sí, sobre todo en el caso de las croquetas e incluso de los canelones, hay que espesar la pasta con harina y leche para que adquiera la consistencia adecuada.

Procedimiento

Limpiamos los calamares y los reservamos. Cortamos la cebolla en juliana sin poner mucha atención, ya que después se triturará todo. La doramos con aceite y añadimos los calamares. Les damos una vuelta y, cuando se empiece a notar el olor, añadimos el vino rancio, sal moderada y pimienta. Una vez reducido el vino, añadimos un vasito de agua y lo dejamos así unos 10 minutos hasta que el agua se haya evaporado completamente. Ponemos los huevos duros troceados y el perejil. Lo dejamos enfriar un poco y lo trituramos a mano o a máquina, pero sobre todo que no quede polvo, es mejor encontrar los trocitos. Llenamos las conchas con esta pasta, las cubrimos con queso o pan rallado y las gratinamos en el horno hasta que hagan costra.

Comentarios

Los gratinados con pan rallado son de origen más antiguo que los que se hacen con queso. En la actualidad gusta más esta segunda fórmula. Lo dejamos a vuestro gusto.

Pulpo a feira

1 pulpo de 3 kg, 6 hojas de laurel, 3 guindillas, 2 cebollas, 1 cabeza de ajos, sal, 4 patatas monalisa o 4 *cachelos*, pimentón dulce, aceite, sal gruesa.

Productos

De las que se encuentran fácilmente en el mercado, la patata monalisa es la que se parece más a los *cachelos* gallegos porque es de pulpa amarilla, dulzona y quebradiza. De todas formas, en los mercados o supermercados grandes se puede encontrar esta patata gallega.

Procedimiento

Cocemos las patatas con piel durante 40 minutos o más, dependiendo de su tamaño. Cuando estén tiernas pero no deshechas, las escurrimos y las reservamos. Ponemos agua al fuego en una olla grande donde quepa el pulpo entero y echamos todos los condimentos. Esperamos que empiece a hervir e introducimos el pulpo entero, limpio de tripas, ojos y boca. Lo dejamos dentro de la olla hasta que el agua vuelva a hervir, y entonces lo sacamos con unas pinzas. Al cabo de 30 segundos lo volvemos a meter en el agua y repetimos la misma operación dos veces más. Esto lo hacemos para ablandar la fibra del pulpo. Lo dejamos cocer una hora a fuego lento de manera que el agua sólo tiemble. Pasado este tiempo, apagamos el fuego y lo dejamos dentro de la olla hasta que esté tibio. Lo escurrimos y lo cortamos a rodajas gruesas, con unas tijeras, como hacen las *pulpeiras galegas*. Las colocamos encima de las patatas peladas y cortadas a rodajas y lo aliñamos con aceite abundante, mucho pimentón y granos de sal gruesa.

Comentarios

Fuera de Galicia, este plato se suele llamar *pulpo a la gallega*. Allí se llama *a feira* porque es un plato de feria o fiesta.

Caracoles dulces y picantes

Ingredientes para 8 raciones *1 hora*

1 kg de caracoles, 1 ramito de hierbabuena, 2 cebollas, 2 tomates maduros, 1 trocito de chocolate negro, 1 guindilla, 10 g de harina, sal, aceite.

Productos

Caracoles los hay de distintas clases y cada cual escoge según su gusto. Esta receta es apta para cualquiera de sus variedades.

Procedimiento

Lavamos los caracoles a fondo, con dos o tres aguas, y escurrimos. Los metemos en una olla grande con agua abundante y fría, un poco de sal y un ramito de hierbabuena. En cuanto arranquen el hervor, echamos un buen chorro de agua fría y repetimos esta operación otra vez. Los cocemos 15 minutos, los escurrimos y los lavamos de nuevo. Aparte, preparamos un sofrito de cebolla, oscuro y tierno, añadimos el tomate y lo dejamos reducir al máximo. Echamos los caracoles, la harina, la guindilla, el chocolate y lo cubrimos de agua. Cocemos durante 25 minutos y servimos con el caldo reducido.

Comentarios

Esta receta es totalmente tradicional. Se suele cocinar en las comarcas del Camp de Tarragona y otras cercanas y es una de las más valoradas por los amantes de los caracoles.

Sepia en su tinta

Ingredientes para 8 raciones  *50 min*

1 sepia grande de 1 kg, 1 cebolla, 2 ajos, 1/2 tomate, 50 cc de vino tinto, la tinta de la sepia, sal, pimienta, aceite, unas cuantas hojas de perejil.

Productos

La tinta de la sepia se encuentra dentro de la bolsa que guarda en su interior. Si la sepia es fresca, la tinta se disuelve con mucha facilidad porque es líquida. Si la sepia es congelada, la tinta se vuelve arenosa, no se esparce y cuesta un poco más de disolver.

Procedimiento

Limpiamos la sepia, le sacamos la tripa, la barca o espina, la bolsa de la tinta entera y, si se puede, la bolsa del bazo o bolsa de las especias, que es de color marrón o sepia. Las dos bolsas se guardan para la elaboración del plato. Cortamos la cebolla en juliana fina y la ponemos en una cazuela con aceite, la doramos y le añadimos los ajos cortados pequeños y el tomate rallado. Lo dejamos reducir hasta que esté brillante y añadimos la sepia cortada a cuadros. Al cabo de 10 minutos, echamos el vino, la tinta disuelta en un poco de agua y la mitad del contenido de la bolsa de las especias, igualmente disuelta. La salamos con moderación, porque la tinta ya es salada, echamos pimienta y la cocemos 45 minutos a fuego lento y tapada. Al final debe quedar el caldo espeso y brillante. Echamos el perejil triturado por encima.

Comentarios

El bazo es una parte de la sepia muy apreciada por la gente que conoce la cocina del pescado. Es un concentrado de aromas que hacen la función de caldo o de saborizante. Si las sepias son de tamaño grueso conviene no ponerlo entero, porque incluso le daría un sabor demasiado pronunciado.

Ajoarriero

Ingredientes para 8 raciones 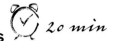 20 min

750 g de bacalao remojado para desmigar, 1 cebolla, 3 ajos, 1 tomate pequeño rallado, 4 huevos, aceite, sal.

Productos

En los puestos de pesca salada se encuentra un tipo de bacalao ya desmenuzado pero seco que es el adecuado para este plato. Sólo necesita unas 4 horas de remojo y ya se puede utilizar.

Procedimiento

Hacemos un sofrito de cebolla y ajos, todo bien triturado, en una sartén con aceite. Cuando esté doradito y blando le añadimos el tomate. Lo dejamos freír bien y, una vez esté reluciente, echamos el bacalao, muy bien escurrido para que no eche agua. Lo removemos para que se vaya desmigando y, casi al mismo tiempo, añadimos los huevos batidos como para tortilla. Lo seguimos removiendo como si se tratara de un huevo revuelto y lo servimos inmediatamente cuando el huevo cuaje.

Comentarios

Hay varias recetas de ajoarriero, ésta es una de ellas, que creemos que es la más original por el hecho de incorporar los huevos en forma de revuelto. Otras propuestas son sin el tomate, con el huevo duro o sin huevo. Cada cual puede escoger la que más le apetezca.

Albóndigas con berenjena

Ingredientes para 8 raciones 1 hora

ALBÓNDIGAS: 300 g de carne picada de cerdo, 300 g de carne picada de ternera, la miga de 2 rebanadas de pan de 1/2 mojadas en leche, 2 huevos, sal. **SALSA:** 4 ajos asados, 2 tomates asados, pimentón dulce, 25 g de almendras tostadas, 2 berenjenas, aceite, sal.

Productos

La guarnición de esta tapa varía según la época del año. En verano se hace con berenjena, en otoño con setas, en invierno con alcachofas y en primavera con guisantes.

Procedimiento

ALBÓNDIGAS: ponemos en un bol de trabajo la miga de pan y la leche y mezclamos con un tenedor o con las manos. Añadimos, después, las dos carnes picadas, los huevos y la sal, y amasamos con las manos hasta notar que queda una masa espesa y homogénea. Preparamos un plato con harina y una cacerola con aceite. Formamos las albóndigas, las enharinamos y las freímos en la cacerola. Las medio cubrimos con agua y las cocemos durante 30 minutos. **SALSA:** asamos los ajos y los tomates y los echamos, pelados, en el vaso de la trituradora junto con el perejil, las almendras y el pimentón. Echamos un poco de agua, trituramos y lo echamos a las albóndigas. Mientras cuecen, cortamos la berenjena en cubos y los freímos por inmersión. Los escurrimos del aceite y los echamos a la cacerola. Lo dejamos todo junto 10 minutos, o hasta que veamos la salsa brillante y con cuerpo.

Comentarios

Ésta es una receta muy típica de las comarcas de Tarragona, forma parte de la cocina del *romesco*.

Sesos de cordero a la romana

Ingredientes para 8 raciones 20 min

4 sesos de cordero, 4 cucharadas de vinagre, 1 hoja de laurel, sal, harina, un huevo, aceite.

Productos

Los sesos son uno de esos productos que ha pasado a ser de poco consumo por una cuestión de salud. Por tanto, conviene no abusar de ellos, sino hacerlos sólo de vez en cuando. Los sesos que se encuentran en el mercado son de ternera, de cerdo y de cordero.

Procedimiento

Ponemos agua en un cazo, que pueda cubrir los sesos. Añadimos el vinagre y la hoja de laurel. Añadimos también un poco de sal y los sesos. Lo llevamos al fuego y, cuando arranque el hervor, lo bajamos y dejamos los sesos 5 minutos, un poco más si son de ternera. El agua no debe hervir, sino sólo temblar, de otra forma corremos el peligro de que los sesos se desmenucen. Los escurrimos y los metemos en la nevera 10 minutos hasta que estén fríos completamente. Preparamos un recipiente con harina y otro con huevo batido. Por otro lado, preparamos una inmersión de aceite, es decir, una freidora o bien una sartén con aceite suficiente para que los trocitos de seso queden cubiertos. Cortamos los sesos a rodajas gruesas, echamos otro poquito de sal y los pasamos primero por la harina y después por el huevo. Los freímos en aceite caliente un par de minutos o hasta que el rebozado esté doradito. Los escurrimos bien y los servimos enseguida.

Comentarios

Los rebozados que no se puedan servir inmediatamente se pueden calentar al horno seco para que continúen lo más crujientes posible.

Tigres

Ingredientes para 8 raciones  1 hora

1 kg de mejillones, 2 hojas de laurel, 1/2 kg de gambitas peladas crudas, 2 huevos duros, 1 cebolla, 2 ajos, perejil, 30 g de harina, 100 cc de leche, 3 huevos, pan rallado, aceite, sal, pimienta.

Productos

Para los tigres, los mejillones deben ser de tamaño grande, ya que hay que poder rellenar una concha. Actualmente se pueden encontrar mejillones cocidos en los supermercados y establecimientos especializados en congelados.

Procedimiento

Limpiamos los mejillones, rascando bien la cáscara. Los ponemos en una cacerola con 2 hojas de laurel, los tapamos y los cocemos a fuego lento hasta que se abran. Los dejamos enfriar, los abrimos, los reservamos y guardamos una de las conchas. Aparte, hacemos un sofrito de cebolla y ajos con aceite, hasta que coja medio color. Añadimos las gambitas un poco troceadas y las cocemos 1 minuto. Añadimos los mejillones un poco picaditos, y echamos también los huevos duros y el perejil picados y la harina. Removemos bien para que se integre todo y añadimos la leche, sal y pimienta. Lo cocemos hasta que tenga consistencia y lo dejamos enfriar del todo. Llenamos las medias conchas con esta preparación, las pasamos por huevo batido y por pan rallado y freímos los tigres por inmersión, es decir, en un buen baño de aceite. Los servimos calientes.

Comentarios

Hay tantas recetas de tigres como bares que las preparan, lo que resulta imprescindible son los mejillones rellenos y rebozados, el resto se puede hacer como se prefiera.

Sardinas
con casaca

Ingredientes para 8 raciones  25 min

1 kg de sardinas pequeñas, 2 huevos, 1/4 de kg de pan rallado, aceite, sal.

Productos

El pan rallado es un ingrediente común en nuestras cocinas para hacer rebozados. Conviene que esté bien fresco, ya que a veces, si tiene algún tiempo, se vuelve rancio y estropea el plato.

Procedimiento

Limpiamos las sardinas de escamas y les quitamos la cabeza y las espinas. Cuanto más frescas sean, más costará separarles la carne, cosa que se suele hacer con los dedos y sin cuchillos. Batimos los huevos y ponemos el pan rallado en un bol o plato. Aparte, preparamos un recipiente hondo con aceite abundante o una freidora. Con el aceite caliente, vamos echando las sardinitas, previamente saladas y pasadas por el huevo y el pan rallado. Cuando estén doradas, las sacamos y las escurrimos bien.

Comentarios

Se acostumbra a rebozar la carne con huevo y pan rallado y el pescado con harina y huevo. Para que resulten más crujientes, se propone esta manera. En caso de que no se consuman todas a la vez, se dejan empanadas y crudas en el congelador y se sacan a medida que se necesitan.

Chipirones
a la andaluza

Ingredientes para 8 raciones 30 min

3/4 de kg de chipirones bien pequeños, harina, aceite, sal.

Productos

Este tipo de calamares no se encuentran siempre en las pescaderías, ya que su captura depende de la época del año, primavera-verano. También se encuentran congelados.

Procedimiento

Limpiamos los chipirones con agua abundante y les quitamos la espina transparente. Los escurrimos bien y los enharinamos. Esta operación resulta más cómoda si, una vez enharinados, se pasan por un colador de malla, agitándolos bien para que se caiga la harina sobrante y queden, así, desenganchados los unos de los otros, cosa que hará que queden sueltos. Preparamos una freidora o un recipiente con aceite abundante, que los cubra. Una vez caliente, vamos echando los chipirones salados y enharinados y los freímos hasta que estén dorados y crujientes. Los dejamos sobre un papel absorbente hasta el momento de consumirlos.

Comentarios

Éste, como todos los fritos, es un plato de hacer y comer, ya que, en caso contrario, los chipirones se ablandan y pierden la textura crujiente que los caracteriza. Como mucho se pueden poner en el horno bien caliente unos minutos para que vuelvan a quedar crujientes.

Calamares a la romana

Ingredientes para 8 raciones 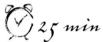 25 min

1/2 kg de calamares, 1/4 de l de leche, 50 cc de agua con gas o sifón, 1 huevo bien pequeño, 1 cucharadita de levadura rápida en polvo, sal, 350 g de harina, aceite.

Productos

Cuando los calamares llegan a una medida suficiente, se pueden cortar en aros para rebozar y freír, éste es un ejemplo bien conocido.

Procedimiento

Limpiamos los calamares de piel y tripa y los cortamos a rodajas. Preparamos la pasta para rebozar: mezclamos el agua o el sifón con la leche y el huevo, añadimos sal, la harina y la levadura y lo mezclamos todo con un batidor manual de varillas. Debe quedar con un cuerpo suficiente para que se pegue a los aros de calamar y al mismo tiempo resbale. Preparamos una freidora o un recipiente con aceite abundante, que los cubra, esperamos a que esté caliente para que no humee y vamos echando los calamares pasados por la pasta. Los freímos hasta que estén dorados y los dejamos sobre un papel absorbente hasta la hora de consumirlos.

Comentarios

El término *a la romana* se ha convertido en un genérico que admite variaciones. Por ejemplo, la romana clásica entiende como tal un rebozado más sencillo, que consiste en pasarlos por harina, primero, y por huevo batido, después. Así se obtiene aquel rebozado que finalmente deja como unos hilillos de huevo en contacto con el aceite caliente, es otra opción buenísima.

Aros de cebolla crujientes

Ingredientes para 8 raciones  30 min

2 cebollas, 250 cc de leche, 200 g de harina, sal, pimienta, aceite.

Productos

Una de las clases de cebolla más dulces es la de Fuentes. Se trata de una cebolla blanca, tupida y dulce. Aun así, este aperitivo se puede elaborar con cualquier tipo de cebolla, sólo que, cuanto más fuerte, más tiempo de remojo necesitará.

Procedimiento

Pelamos las cebollas y las cortamos en rodajas de 1/2 cm. Las dejamos en remojo con la leche durante 15 minutos. Si son muy picantes, deberemos alargar el remojo un rato. Ponemos la harina mezclada con sal y pimienta en un plato. Preparamos una freidora con aceite abundante y lo calentamos de manera que, al echar la primera anilla, chasquee. Escurrimos las rodajas de cebolla de la leche y las pasamos por la harina aderezada. Las freímos en aceite, las escurrimos bien y las servimos inmediatamente.

Comentarios

La mayoría de estas tapas de bar se encuentran ya a punto de freír tanto en comercios especializados en congelados como en grandes supermercados, sobre todo, los dedicados a la hostelería, pero no olvidemos que cualquier preparación empezada desde cero no se puede comparar con el producto elaborado o semielaborado, como mínimo, mientras no mejore.

Buñuelos de bacalao

Ingredientes para 8 raciones  40 min

150 g de bacalao remojado, 100 g de harina, 70 cc de leche, 1 cucharadita de postres de levadura rápida, 1 ajo, perejil, sal, aceite.

Productos

La levadura rápida se encuentra en el mercado en sobrecitos de papel o en botes metálicos. Se la llama *rápida* porque, añadida a la harina, la hace fermentar, es decir, aumentar de volumen de forma inmediata.

Procedimiento

Desmigamos el bacalao en crudo y le añadimos el ajo y el perejil picados. Aparte, en un bol, ponemos la harina y la levadura, lo mezclamos y lo vamos aclarando con la leche, con la ayuda de un tenedor. Le añadimos la mezcla del bacalao y lo probamos de sal, por si precisa más. Preparamos la freidora o un baño de aceite para freírlos por inmersión. Cuando veamos que el aceite está caliente, pero sin que llegue a humear, echamos una cucharadita de pasta para comprobar el punto. Si el buñuelo flota, vamos echando cucharaditas de pasta en el aceite y, con una espátula, les vamos echando aceite de la freidora por encima para que se hinchen. Una vez dorados por ambos lados, los sacamos y los escurrimos bien. Debemos consumirlos mientras estén calientes.

Comentarios

En el caso de los buñuelos es imprescindible el frito por inmersión, en caso contrario pueden quedar planos y muy impregnados de aceite.

Patatas "de churrero"

Ingredientes para 8 raciones 30 min

3 patatas grandes, sal, aceite.

Productos

Cuando las patatas son para freír, se deben escoger de forma escrupulosa: deben ser patatas viejas, con poco contenido en agua, y conviene que sean de pulpa blanca, mucho más dura y menos harinosa que las de pulpa amarilla en general.

Procedimiento

Pelamos las patatas, las lavamos y las cortamos en virutas o a rodajas, aunque no sean muy regulares. Esta operación se debe llevar a cabo con una máquina de cortar, con mandolina o con un pelador de zanahorias. Este utensilio tan sencillo facilitará que la viruta quede realmente fina, casi transparente. Calentamos la freidora y, justo cuando intente humear, le echamos unas cuantas virutas. Con una espátula, las separamos para impedir que se peguen. Les damos unas vueltas hasta que estén doraditas. Las escurrimos, las salamos y las servimos inmediatamente en caliente o las dejamos enfriar. Estarán igualmente crujientes, sobre todo si se guardan en un lugar bien seco sin nada de humedad.

Comentarios

El mejor aceite para freír es el de oliva, igual que lo es para comer en crudo. Este aceite es resistente a las temperaturas altas de los fritos por inmersión, y por lo tanto le cuesta más quemarse. Además, se puede reutilizar unas cuantas veces si no se ensucia o se quema.

Buñuelos de jamón y roquefort

Ingredientes para 8 raciones  20 min

200 g de harina, 3 huevos, 1 cucharada grande y rasa de levadura rápida, sal, 50 g de jamón de york, 50 g de queso roquefort, aceite.

Productos

Merece la pena utilizar queso roquefort de calidad o un queso azul que no resulte excesivamente salado.

Procedimiento

Preparamos una pasta bien lisa con los huevos un poco batidos, la harina y la levadura. Lo batimos con un tenedor o un batidor manual de varillas. Cortamos el jamón de york a trocitos pequeños y lo mezclamos con la pasta. Hacemos lo mismo con el queso roquefort y lo aplastamos un poco con un tenedor para que se integre en la mezcla. Los trocitos pequeños que no se deshagan no lo perjudicarán. Preparamos la freidora o un baño de aceite para freír los buñuelos por inmersión. Cuando veamos el aceite caliente pero sin humear, le echamos una cucharadita de pasta para comprobar el punto. Si el buñuelo flota, vamos echando cucharaditas de pasta en el aceite y, con una espátula, los rociamos con aceite de la freidora por encima para que se hinchen. Una vez dorados por ambos lados, los sacamos y los escurrimos bien. Los consumimos mientras estén calientes.

Comentarios

La base de la pasta de buñuelo tradicional acostumbra a ser la harina de trigo. El líquido puede ser huevo o leche o, en algún caso, ambos a la vez. La diferencia que podemos encontrar, igual que pasa con los rebozados, es que el primero produce pastas de textura más blanda y la segunda pastas más crujientes. Ambas formas son correctas y buenas.

Gambas con cabello de ángel crujiente

Ingredientes para 8 raciones  20 min

24 colas de gamba grandes, 1 paquete de fideos de soja finos, aceite, sal, salsa de soja.

Productos

Los fideos de soja o también los de arroz se pueden hervir, y adquieren una textura gelatinosa, o también se pueden freír, y entonces adquieren la textura contraria, quedan crujientes. En este receta hay que hervirlos primero para poder envolver bien las colas de gamba. Después, una vez fritos, quedarán crujientes. Los paquetes de fideos de soja suelen ser muy grandes, hay suficiente con la mitad de un paquete pequeño.

Procedimiento

Separamos los fideos que necesitamos y guardamos el resto. Ponemos agua abundante en el fuego con sal y esperamos a que arranque el hervor. Echamos los fideos y removemos con un tenedor o con unas pinzas para separarlos. Los cocemos justo un minuto y los escurrimos. Los remojamos con agua fría y los extendemos encima de un paño. Los secamos. Dejamos las gambas con las colas limpias de costras. Preparamos la freidora o un baño de aceite que pueda cubrir las gambas y, mientras tanto, las vamos enrollando con los fideos. A veces se escapan un poco. Se trata de envolver y freír inmediatamente. Una vez crujientes, se retiran, se escurren y se sirven con salsa de soja para mojar.

Comentarios

Aquí tenemos una receta sorprendente, las gambas parecen estar envueltas por cabello de ángel, sólo que no es de confitura, sino de una costra muy apetecible que a los no introducidos les resultará difícil de identificar.

Buñuelitos de marisco

Ingredientes para 8 raciones 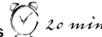 20 min

150 g de harina, 100 cc de leche, 1 cucharada grande y rasa de levadura rápida, sal, 150 g de mejillones congelados cocidos, 120 g de gambitas peladas, cocidas y congeladas, aceite.

Productos

En esta ocasión nos inclinamos hacia los congelados para poder elaborar unos buñuelos con la máxima rapidez. No es preciso decir que también los podemos elaborar empezando por abrir los mejillones y cociendo las gambas.

Procedimiento

En un bol, ponemos la harina y la levadura, lo mezclamos y lo vamos aclarando con la leche y la ayuda de un tenedor. Echamos los mejillones y las gambitas trituradas y lo ponemos a punto de sal. Preparamos la freidora o un baño de aceite para freír los buñuelos por inmersión. Cuando veamos el aceite caliente pero sin humear, echamos una cucharadita de pasta para comprobar el punto. Si el buñuelo flota, vamos echando cucharaditas de pasta en el aceite y, con una espátula, los rociamos con aceite de la freidora por encima para que se hinchen. Una vez dorados por ambos lados, los sacamos y los escurrimos bien. Los consumimos mientras estén calientes.

Comentarios

Como se puede comprobar, las pastas de buñuelos son una base sobre la cual se pueden multiplicar las recetas sólo cambiando algunos elementos gustativos.

Calçots rebozados

Ingredientes para 8 raciones 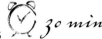 30 min

24 *calçots*, harina, 2 huevos, aceite, sal. Salsa: 6 ajos asados, 1 tomate asado, 200 g de almendras tostadas, 1 pimiento de *romesco* o choricero, 1 galleta maría, 150 cc de aceite, 50 cc de vinagre, 4 cucharadas de agua, sal.

Productos

El pimiento de *romesco* es una especie característica del Camp de Tarragona, de la cual, actualmente, sólo disfrutan aquellas personas que los cultivan ellos mismos. Es un pimiento pequeño y rojo acabado en punta, de sabor más bien dulce. Se ha sustituido por la ñora, pimiento de forma más atomatada, o por el pimiento choricero. En cuanto al vinagre, el mejor, en este caso, es el tradicional y de vino tinto.

Procedimiento

Calentamos el horno a 200 °C y esperamos a que llegue a esta temperatura. Ponemos los *calçots*, habiéndoles quitado sólo la tierra, en una fuente, uno al lado del otro. Los asamos entre 15 y 20 minutos, dependiendo del tamaño. Los sacamos y les extraemos la parte comestible cogiendo los tallos con una mano y sujetando las raíces con la otra. Una vez tengamos los *calçots*, los pasamos primero por harina y después por huevo batido. Los freímos por inmersión, es decir, en baño de aceite hasta que estén dorados. Salsa: asamos los ajos y los tomates en el horno o a la plancha, lo pelamos todo y lo ponemos en el bote de la trituradora. Echamos también las almendras tostadas y peladas, la galleta, la guindilla y el pimiento. Lo vamos batiendo, echando el aceite y el vinagre, procurando que no quede tan homogéneo como una mayonesa, sino que se note el granito de la almendra. Servimos los *calçots* con la salsa para mojar.

Comentarios

Los *calçots* provienen de la variedad de cebolla blanca que se queda en la tierra y va alimentando sus grillos. Durante el crecimiento hay que ir calzándolos, es decir, cubriéndolos de tierra en forma de cresta para tapar la mayor parte y preservarlos de la luz, lo que les conserva el color blanco.

Croquetas de pollo asado

Ingredientes para 50 unidades ⏱ 3 horas

Panada de harina: 200 g de harina, 1 l de leche, sal, nuez moscada. **Pasta de pollo asado:** 1 pollo, 4 cebollas, 150 cc de vino rancio, sal, pimienta, aceite. **Rebozado:** 4 huevos, 1/2 kg de pan rallado, aceite.

Productos

La panada de harina es una preparación que, con los mismos ingredientes de una salsa besamel pero con más harina, sirve como base de croquetas u otras elaboraciones con algunos rellenos. Para no engrasar tanto las croquetas, prescindiremos de la mantequilla o del aceite y prepararemos sólo una mezcla de harina y leche, ya que contamos con el aceite del asado.

Procedimiento

Asado y pasta de pollo: doramos el pollo a cuartos o a octavos, con aceite, sal y pimienta, le echamos la cebolla y la dejamos dorar. Añadimos el vino rancio, lo dejamos reducir y añadimos 2 vasos de agua. Lo cocemos a fuego lento 1 hora. Una vez tibio, deshuesamos el pollo y lo pasamos por la picadora con toda la cebolla y el caldo, procurando que no quede pulverizado. **Panada de harina:** disolvemos la harina en la leche en la batidora, lo mezclamos con el triturado de pollo y lo cocemos 10 minutos, removiendo de vez en cuando para que no se pegue. Metemos la pasta en la nevera hasta que esté completamente fría. Formamos las croquetas con las manos o con dos cucharas, las pasamos por huevo y pan rallado y las freímos por inmersión.

Comentarios

Las croquetas son de esas elaboraciones largas que se pueden realizar en dos sesiones. Debemos recordar que, una vez rebozadas, se pueden congelar para las ocasiones que se quiera. Éstas están buenísimas.

Buñuelos de bacalao con patata

Ingredientes para 8 raciones ⏱ 50 min

200 g de bacalao remojado sin piel ni espinas, 2 patatas de tamaño mediano, 40 g de harina, 1/2 sobre de levadura rápida, 1 huevo pequeño o 1/2, 1 ajo, perejil, sal, aceite.

Productos

Las patatas adecuadas para esta elaboración son las de pulpa blanca.

Procedimiento

Hervimos las patatas peladas y a trozos en agua que las cubra durante 15-20 minutos. Echamos el bacalao y, al cabo de 5 minutos, lo escurrimos todo. Lo aplastamos con un tenedor procurando que quede bien integrado. Le echamos la harina, la levadura, el huevo y el ajo y el perejil picados. Lo mezclamos bien y comprobamos la sal. Preparamos la freidora o un baño de aceite para freír los buñuelos por inmersión. Cuando veamos el aceite caliente pero sin humear, echamos una cucharadita de pasta para ver el punto. Si el buñuelo flota, vamos echando cucharaditas de pasta en el aceite y, con una espátula, vamos rociándolos con aceite de la freidora para que se hinchen. Una vez dorados de ambos lados, los sacamos y los escurrimos bien. Los consumimos mientras estén calientes.

Comentarios

Ésta es una receta de buñuelos deliciosa. Para obtener un buen resultado, debemos seguir las normas del frito por inmersión. Si hay que prepararlos con antelación, los podemos calentar en horno seco. Si se hace en el microondas se ablandan.

Croquetas de pescado y marisco

Ingredientes para 25 unidades 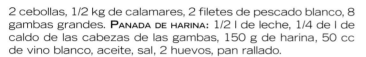 2 horas

2 cebollas, 1/2 kg de calamares, 2 filetes de pescado blanco, 8 gambas grandes. **PANADA DE HARINA:** 1/2 l de leche, 1/4 de l de caldo de las cabezas de las gambas, 150 g de harina, 50 cc de vino blanco, aceite, sal, 2 huevos, pan rallado.

Productos

Se puede optar por elaborar estas croquetas con pescado fresco o escoger el congelado, cosa que abarata considerablemente el coste pero también cambia el sabor, sobre todo, por lo que respecta al pescado blanco.

Procedimiento

Separamos las cabezas de las colas de las gambas y las pelamos. Ponemos un chorrito de aceite en una olla y rehogamos las cabezas y las pieles. Las cubrimos de agua y las cocemos 20 minutos, las escurrimos. Debe quedar 1/4 de litro de caldo. En caso de que haya más, lo ponemos a reducir hasta obtener la cantidad recomendada. Lo reservamos. Cortamos las cebollas en juliana y las doramos en aceite hasta que adquieran un color oscuro, añadimos los calamares y les damos una vuelta. Añadimos el vino y cocemos 10 minutos. Seguidamente, incorporamos el pescado y las colas de gamba. Lo dejamos todo junto 5 minutos, ponemos sal y pimienta. Al acabar la cocción no debe quedar líquido. Lo pasamos por la trituradora. Aparte, mezclamos la harina, la leche y el caldo de las cabezas y las pieles en la batidora. Mezclamos las dos preparaciones y lo cocemos todo 20 minutos. Lo dejamos enfriar en la nevera. Después, formamos las croquetas con dos cucharas o con las manos, las pasamos por el huevo batido y el pan rallado y las freímos por inmersión.

Comentarios

Éstas son unas croquetas excepcionales, probadlas aunque sea una vez en la vida.

Buñuelitos de setas

Ingredientes para 8 raciones  40 min

250 g de setas mezcladas o de una sola clase, 200 g de harina, 125 cc de leche, 1/2 sobre de levadura rápida, sal, aceite.

Productos

En otoño, cuando es la época de las setas más abundantes, se pueden escoger las que más gusten, aunque unas de las más sabrosas y cómodas para los buñuelos son los rebozuelos anaranjados, pequeños, con el tallo de color anaranjado y el paraguas también pequeño de color marrón claro. Si no es la época, también se pueden elaborar con ceps o con una mezcla de setas congelada.

Procedimiento

Limpiamos las setas, las cortamos un poco y las salteamos en una sartén con aceite y sal, a fuego fuerte, para evaporar el agua con rapidez. Justo cuando se ablanden, las echamos en un bol. Añadimos la harina y la levadura y vamos echando la leche hasta que todo esté bien disuelto, lo rectificamos de sal. Preparamos la freidora o un baño de aceite para freír por inmersión. Cuando veamos el aceite caliente pero sin humear, echamos una cucharadita de pasta para comprobar el punto. Si el buñuelo flota, vamos echando cucharaditas de pasta en el aceite y, con una espátula, los vamos rociando con aceite de la freidora por encima para que se hinchen. Una vez dorados por ambos lados, los sacamos y los escurrimos bien. Los consumimos mientras estén calientes.

Comentarios

Es muy importante echar aceite por encima de los buñuelos mientras se fríen. Por otra parte, hay que tener en cuenta que, aunque se doren enseguida, no quiere decir que estén hechos por dentro. Es conveniente que el aceite nunca humee para asegurarse así la cocción interior. Todos nos hemos encontrado con unos buñuelos con muy buen aspecto y una masa harinosa y cruda por dentro.

Croquetas de carne del cocido

Ingredientes para 50 unidades ⏰ 2 horas

PANADA DE HARINA: 1 l de leche, sal, nuez moscada. **PASTA DE CARNE:** 3/4 de kg de carne y pollo o gallina del cocido, 4 cebollas, 150 cc de vino rancio, sal, pimienta, aceite. **REBOZADO:** 4 huevos, 1/2 kg de pan rallado, aceite.

Productos

La carne y el pollo de caldos y cocidos se puede transformar en croquetas, siempre que le añadamos un buen sofrito de cebolla y le demos un sabor parecido al del asado.

Procedimiento

Pelamos las cebollas y las trinchamos para el sofrito. Las ponemos en una cazuela con aceite y las doramos hasta que estén oscuras. Aparte, escogemos la carne y, una vez deshuesada, la pasamos por la picadora procurando que no quede pulverizada. La echamos a la cazuela con la cebolla y añadimos sal, pimienta, nuez moscada y el vino y lo reducimos. **PANADA DE HARINA:** disolvemos la harina con la leche en la batidora, lo mezclamos con el triturado de pollo y cebolla y lo cocemos 10 minutos, removiendo de vez en cuando para que no se pegue. Ponemos la pasta en la nevera hasta que esté completamente fría. **REBOZADO:** formamos las croquetas con las manos o con dos cucharas, las pasamos por huevo y pan rallado y las freímos por inmersión.

Comentarios

Las croquetas hay que freírlas por inmersión, igual que muchos rebozados, si no, a veces se deshacen e incluso se abren una vez en la sartén.

Croquetas de bacalao

Ingredientes para 40 unidades ⏰ 1 hora y 30 min

750 g de patatas monalisa o similares, 50 cc de aceite, sal, 2 ajos, perejil, 1/4 de kg de bacalao remojado, harina, 4 huevos, 1/4 de kg de pan rallado, aceite.

Productos

Para esta base de croquetas recomendamos unas patatas con más cantidad de agua, como las monalisa, ya que con las otras resultarían demasiado densas.

Procedimiento

Pelamos las patatas y las hervimos troceadas con agua y sal entre 10 y 12 minutos. Para comprobar la cocción, las pinchamos. Añadimos el bacalao limpio de pieles y espinas y lo cocemos todo junto 2 ó 3 minutos más. Lo escurrimos del agua y lo probamos de sal, añadiendo si es necesario. Lo aplastamos en caliente con un tenedor y lo pasamos por una trituradora, procurando que no quede un puré excesivamente fino. Le añadimos el ajo y el perejil picados. Lo metemos en la nevera y lo dejamos enfriar completamente. Una vez frío, formamos las croquetas, con dos cucharas o con las manos, y las pasamos primero por la harina, después por el huevo batido y, finalmente, por el pan rallado. Las freímos por inmersión, es decir, en un baño de aceite caliente que no humee.

Comentarios

En las recetas anteriores se ha explicado qué es una panada de harina, la patata es otro producto que sirve para ligar bases y darles el espesor que requieren.

Falafel o croquetas de garbanzos

Ingredientes para 20 unidades  40 min

1/2 kg de garbanzos cocidos, 1 ajo, 1 cebolla, 2 cucharadas de perejil, 2 cucharadas de cilantro en hoja, 1 cucharadita de pimentón picante, 1/2 cucharadita de comino, 1/2 cucharadita de canela, 1/2 sobre de levadura rápida, 50 g de harina, aceite, sal, más harina para rebozar.

Productos

Los garbanzos se pueden adquirir en conserva o bien hervidos en los establecimientos de legumbres cocidas. El cilantro se puede sustituir por perejil, ya que no siempre se encuentra con facilidad.

Procedimiento

Pelamos la cebolla y el ajo y los trituramos para sofreír, por separado. Ponemos la cebolla con el mínimo aceite posible en una cazuela o sartén, a fuego lento, hasta que se ablande. Le añadimos el ajo y lo doramos todo a la vez. Lo reservamos y lo dejamos enfriar. Ponemos los garbanzos sin agua en una batidora o trituradora y hacemos puré. Trituramos el perejil o el cilantro y lo mezclamos con los garbanzos y el sofrito. Añadimos también el pimentón, el comino, la harina, la canela y la sal. Dejamos la masa en la nevera 20 minutos o hasta que esté fría. Nos enharinamos las manos y hacemos bolas con la masa un poco más gruesas que unas albóndigas normales. Las pasamos por harina y las freímos por inmersión o en una sartén con mucha cantidad de aceite caliente.

Comentarios

Los falafel son unas croquetas muy típicas de la zona del Magreb y del Mediterráneo del este. Son nutritivas, vegetales y muy sabrosas por el contraste de especias que llevan.

Bolas de patata rellenas o bombas

Ingredientes para 8 unidades  1 hora

PURÉ: 4 patatas grandes de la clase monalisa, 4 cucharadas de aceite, sal, agua. RELLENO: 600 g de carne picada de cerdo y de ternera mezcladas, 1 cebolla grande, 1 tomate pequeño, aceite, sal, pimienta. REBOZADO: 2 ó 3 huevos, 1/4 de kg de pan rallado, aceite.

Productos

Las bombas se pueden rellenar con cualquier triturado de carne, de pescado o vegetal. Son muy aptas para aprovechar restos de asados o de cazuelas de pescado, desmigándolos y envolviéndolos con el puré, y friéndolos igual que los de la receta.

Procedimiento

PURÉ: cubrimos las patatas sin pelar con agua caliente y las hervimos hasta que, clavando un cuchillo, se dejen traspasar. Las escurrimos y las dejamos enfriar completamente. RELLENO: doramos la cebolla triturada para sofrito. Una vez dorada, añadimos el tomate rallado y esperamos a que se vea brillante y sin nada de agua. Echamos la carne y la freímos a fuego vivo para favorecer la evaporación de líquidos. En 7 u 8 minutos estará lista. Trituramos las patatas o las pasamos por el pasapurés. Echamos sal y pimienta y lo vamos ligando con gotas de aceite. Con las manos, formamos bolas de patata de tamaño más bien grande, hacemos un hueco en medio y lo llenamos con el relleno, lo tapamos con la misma patata. REBOZADO: pasamos las bolas lo más frías posible por el huevo batido y el pan rallado. Las freímos por inmersión en aceite muy caliente.

Comentarios

En este caso, como en el de todas las croquetas y rebozados con pan rallado, es muy importante seguir la técnica del frito por inmersión.

Patatitas con jamón

Ingredientes para 8 raciones  20 min

8 patatas pequeñas, 3 tomates maduros, aceite, sal, pasta de oliva, 50 g de virutas de jamón.

Productos

Las patatas para cocer de esta forma son mejores viejas que tiernas, éstas últimas contienen demasiada agua y cuestan más de cocer. Si puede ser, mejor que tampoco sean de la clase llamada monalisa, ya que se deshacen enseguida y no tienen suficiente cuerpo como para rellenar.

Procedimiento

Lavamos muy bien la piel de las patatas bajo el grifo, fregando con las manos hasta que no quede nada de tierra. Las ponemos en un recipiente hondo apto para microondas con un chorro de agua. Las cocemos 5 minutos a la máxima potencia. Las sacamos y pinchamos una. Si se deja traspasar, las sacamos, si no, las metemos un par de minutos más. La cocción depende del tamaño y de la clase de patata. Las partimos por la mitad de arriba abajo y las vaciamos de la pulpa. Aparte, pelamos los tomates, les sacamos el agua y las semillas y las cortamos a dados bien pequeños. Las mezclamos con la pulpa de patata y las aliñamos con aceite y sal. Volvemos a llenar las patatas y las acabamos con la pasta de oliva diluida en un poco de aceite. Encima, colocamos las virutas de jamón.

Comentarios

En este caso, y ya que se trata de una tapa para comer fría, la podemos dejar preparada con antelación.

Patatitas con frankfurts

Ingredientes para 8 raciones 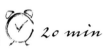 20 min

8 patatas pequeñas, 1 bote de frankfurts pequeños, tipo aperitivo, 2 cucharadas de mostaza, aceite, *ketchup*.

Productos

Cuando se trabaja con productos manufacturados, casi lo único que hay que tener en cuenta es la elección que hacemos. Dentro de estas gamas podemos encontrar sabores y texturas de calidad, pero también podemos encontrar todo lo contrario. Así que, a la hora de adquirirlos, tenemos que reconocer el producto y saber qué compramos.

Procedimiento

Lavamos muy bien la piel de las patatas bajo el grifo, fregando con las manos hasta que no quede nada de tierra. Las ponemos en un recipiente hondo apto para microondas, con un chorro de agua. Las cocemos 5 minutos a la potencia máxima. Las sacamos, pinchamos una y, si se deja traspasar, las sacamos, si no, las metemos un par de minutos más. La cocción depende del tamaño y de la clase de patata. Las partimos por la mitad de arriba abajo y las vaciamos de la pulpa. La aplastamos en un plato con la mostaza, el aceite y la sal y llenamos las patatas de nuevo. Aparte, freímos los pequeños frankfurts en una sartén con unas gotitas de aceite y ponemos dos encima de cada mitad de patata. En el momento de servir, las decoramos con unos hilillos de *ketchup*.

Comentarios

Ésta es ya una tapa moderna y que se prepara enseguida. Aparte de como tapa o aperitivo, también es útil para improvisar una cena, acompañada de una buena ensalada.

Corazones de alcachofa con gorgonzola

Ingredientes para 8 unidades 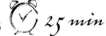 25 min

8 alcachofas, el zumo de medio limón, aceite, sal, 150 g de queso gorgonzola, 8 medias nueces, 8 *grissini*. **Reducción de vinagre:** 200 cc de vinagre balsámico, 100 g de azúcar.

Productos

Las reducciones o jarabes de vinagre balsámico se encuentran en comercios, hechas y envasadas. Hay que tener cuidado con la calidad, porque las hay de todas clases.

Procedimiento

Limpiamos las alcachofas de las primeras hojas hasta que lleguemos al corazón. Les cortamos la parte de arriba y les quitamos todo el tallo para que se mantengan en pie. Llenamos una olla con agua, sal y el zumo de limón. Echamos las alcachofas y las cocemos 20 minutos. Las escurrimos procurando que pierdan toda el agua. Cortamos el queso y llenamos la cavidad de cada alcachofa. Las ponemos en una fuente de horno con un chorro de aceite. Las introducimos en el horno a 200 °C 5 ó 6 minutos. Al sacarlas, colocamos media nuez encima de cada alcachofa y las servimos con un *grissino* de pan crujiente clavado en cada una. Finalmente, las aliñamos con la reducción de vinagre. **Reducción de vinagre:** ponemos el vinagre y el azúcar en un cazo al fuego. Lo hervimos a fuego lento hasta que adquiera cuerpo.

Comentarios

Este aperitivo hay que servirlo caliente, con el queso acabado de fundir.

Morro crujiente con parmentier ahumado

Ingredientes para 8 raciones 1 hora y 30 min

1/4 de kg de morro de cerdo hervido, 4 patatas monalisa más bien grandes, sal ahumada, pimentón dulce, aceite.

Productos

El morro de cerdo o de ternera se puede encontrar en el comercio ya hervido o bien a granel, e incluso envasado al vacío como otros menudillos. Esta preparación previa acorta considerablemente la elaboración del plato. La sal ahumada también se encuentra envasada.

Procedimiento

Si no lo tenemos ya así, cortamos el morro a daditos, lo ponemos en una fuente de horno con papel antiadherente debajo y le echamos un poco de sal ahumada. Calentamos el horno a 130 °C y cocemos el morro 2 horas. Durante la cocción, el morro irá soltando grasa y se volverá crujiente. Ponemos las patatas en una olla cubiertas de agua caliente. Las hervimos hasta que, al pincharlas, se abran. Las escurrimos, las pelamos y las pasamos por el pasapurés o las aplastamos con un tenedor. Mientras lo hacemos, añadimos la sal ahumada y el aceite. Lo probamos y rectificamos. Montamos las tapas en platitos o cazuelitas individuales con un lecho grueso de parmentier, esparcimos los trocitos de morro por encima y lo aliñamos con el pimentón y un chorro de aceite. Lo servimos muy caliente.

Comentarios

Se llaman *parmentier* muchas preparaciones con base de patata o puré de patata, en honor al divulgador de este tubérculo, el farmacéutico francés Antoine-Agustin Parmentier.

Bombones blancos y negros

Ingredientes para 8 raciones 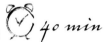 40 min

16 cestitas de papel para bombones. **BOMBONES BLANCOS:** 150 g de queso blando de cabra, 2 cucharadas de queso para untar tipo Philadelphia, una pizca de comino, 50 g de avellanas tostadas y molidas bien finas. **BOMBONES NEGROS:** 200 g de bloc de *foie gras micuit*, 50 g de semillas de amapola.

Productos

El queso blando de cabra tiene un sabor muy fuerte y hasta empalagoso si se abusa de él. En este caso, para suavizarlo, lo mezclamos con otro más neutro. La semilla de amapola no se encuentra en todas partes, pero seguro que en los comercios de herbolario las hay.

Procedimiento

BOMBONES BLANCOS: con los quesos fríos, los aplastamos ambos a la vez hasta que estén bien mezclados. Incorporamos el comino, que les dará un toque de diferencia. Metemos la pasta en la nevera 10 minutos y, con las manos, hacemos bolitas. Si se nos pegan, nos mojaremos las manos con agua fría. Ponemos la avellana triturada en un plato y rebozamos los bombones. Los ponemos en las cestitas y los dejamos en la nevera hasta la hora de servir. **BOMBONES NEGROS:** con el *foie gras* bien frío, lo cortamos en porciones y, con las manos, hacemos bolitas como las anteriores. Rebozamos estos bombones con la semilla de amapola y los ponemos en las cestitas. Los dejamos en la nevera igual que los primeros.

Comentarios

Un aperitivo caprichoso y con presencia para abrir el apetito. Cuidado con la calidad de los productos, sobre todo, del *foie gras* y la avellana.

Mollejas de pato confitadas con espárragos y tomates cereza

Ingredientes para 8 raciones  20 min

8 mollejas de pato confitadas, 2 ramos de espárragos mini, 16 tomates cereza con el rabo, aceite, sal, cebolla deshidratada.

Productos

Las mollejas de pato se encuentran envasadas en los comercios ya confitadas, sólo hay que calentarlas. La cebolla deshidratada es un producto que también se encuentra preparado y sirve para condimentar carnes, pescados, pastas o ensaladas.

Procedimiento

Sacamos las mollejas de los envases y las cortamos a cubitos. Las ponemos en una sartén a fuego lento, con un poco de su misma grasa, las tapamos y las removemos con cuidado, ya que salpican bastante. Aparte, asamos los espárragos y los tomates enteros en una plancha con sal y unas gotas de aceite hasta que adquieran color. Los tomatitos los dejamos con el rabo. Repartimos las mollejas en platitos individuales y, encima, colocamos 2 ó 3 espárragos y 2 tomates. Lo espolvoreamos todo con la cebolla deshidratada y lo servimos caliente.

Comentarios

Hay aperitivos o tapas deliciosas y muy fáciles, como ésta, en la que ya partimos de un producto elaborado.

Tortitas de verduras con jamón seco

Ingredientes para 8 raciones  *1 hora*

2 piñas de brócoli, 4 zanahorias, salsa de soja, sal, 100 g de harina, aceite, 150 g de jamón ibérico.

Productos

El brócoli es la especie de la familia de las coliflores de color verde intenso y piñas pequeñas.

Procedimiento

Cortamos el brócoli en piñitas. Pelamos las zanahorias y, con el mismo pelador, las cortamos a virutas o las rallamos. Arrimamos una olla al fuego con agua y sal. Al arrancar el hervor, echamos la verdura y la cocemos 8 minutos. La escurrimos y la aplastamos con un tenedor, hasta obtener una pasta espesa. Le echamos la harina, unas cucharadas de salsa de soja, y continuamos aplastando y mezclando. Dejamos enfriar la pasta en la nevera 30 minutos. Después, hacemos bolas con las manos y las aplastamos hasta que queden como unos medallones finos. Echamos aceite en una sartén y doramos las tortas por ambos lados. Aparte, forramos una fuente de horno con papel antiadherente, colocamos las virutas de jamón encima, una al lado de otra, lo tapamos con otro papel y colocamos un peso encima. Lo metemos en el horno a 150 °C unos 10 minutos o hasta que lo veamos transparente y deshidratado. Servimos las tortitas con el jamón encima.

Comentarios

Cuando el jamón sale del horno, todavía no está totalmente seco. Una vez frío, adquirirá la textura crujiente.

Flan de tomate cereza

Ingredientes para 8 unidades 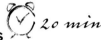 *20 min*

4 huevos, 1/4 de l de nata líquida, 16 tomates cereza con el tallo verde, 8 filetes de anchoa de lata, orégano, 2 cucharadas de queso rallado, sal, pimienta, nuez moscada.

Productos

El hecho de dejar los tallos a los tomates es una cuestión de estética, no olvidemos que en este tipo de elaboraciones es muy importante.

Procedimiento

Hacemos una incisión por la mitad a los tomates cereza sin acabarlos de cortar del todo. Dentro, ponemos medio filete de anchoa. Aparte, echamos los huevos enteros, la nata líquida, una pizca de orégano, una de sal, una de pimienta, una de nuez moscada y el queso rallado dentro de un bote de batidora. Lo batimos hasta que todo esté unido. Cogemos pequeños recipientes individuales de cristal para horno o de loza que sean aptos para poner en la mesa y los untamos de aceite. En cada uno ponemos 2 tomates y los llenamos con el preparado anterior, de manera que se vean un poco los tomatitos. Lo cocemos 10 minutos en el horno a 180 °C y lo servimos.

Comentarios

Éste es un aperitivo original y muy sabroso, con productos muy mediterráneos. Si se quiere, también se puede preparar en un molde de tarta colectivo, aunque entonces aumentará el tiempo de cocción.

Jamón con uva y queso con melocotón

Ingredientes para 8 raciones 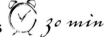 *30 min*

Jamón con uva: 1/4 de kg de uva moscatel, 150 g de jamón ibérico en virutas. **Queso con melocotón:** 2 melocotones fuertes de verano, 2 cucharadas de zumo de limón, 150 g de queso tierno de cabra.

Productos

La uva más dulce y que contrasta más con el jamón es la moscatel. Si no es su época, se puede hacer con uva negra. Los melocotones tienen que ser de pulpa fuerte. Si no es su época, se pueden sustituir por fresones o manzana.

Procedimiento

Jamón con uva: pelamos los granos de uva y cortamos el jamón a virutas finas. Preparamos palitos de madera que no sean muy largos y les clavamos dos granos de uva, introduciéndolos bastante. En la parte de arriba enrollamos una viruta de jamón. **Queso con melocotón:** pelamos los melocotones, los cortamos a dados y los regamos con el zumo de limón. Cortamos el queso más o menos de la misma forma. Clavamos dos trocitos de queso y dos de melocotón en cada palito.

Comentarios

Si disponemos de palitos o brochetas pequeñas de madera, porcelana o plata, es el momento de utilizarlos para este aperitivo de verano fácil, vistoso y sin cocina.

Patatas fritas, bacalao y piquillo

Ingredientes para 8 raciones  *40 min*

1 bolsa de patatas fritas de calidad, 1 bote de pimiento del piquillo a tiras, 1 ajo, perejil, aceite. **Brandada:** 250 g de bacalao, 1/2 ajo pequeño, 50 cc de leche, 1/4 de l de aceite, sal si es necesario.

Productos

Las patatas fritas para montar este aperitivo deben ser más bien planas, si no, no quedan con buena forma. Se puede adquirir bacalao desmigado, de esta forma, con unas 3 ó 4 horas de remojo habrá bastante.

Procedimiento

Brandada: desalamos el bacalao y lo dejamos con un punto de sal. Lo escaldamos 1 minuto en agua hirviendo hasta que le salga la espuma. Lo escurrimos y lo echamos en el bote de la batidora. Ponemos también el ajo, la leche y una tercera parte del aceite. Lo batimos y, a medida que vaya ligando, vamos añadiendo el resto del aceite. Si espesa mucho se pueden añadir pequeñas cantidades de leche. Debe quedar muy montada, como una salsa mayonesa. La metemos 1/4 de hora en el congelador para que coja más cuerpo. Aparte, freímos el ajo y el perejil con aceite y lo mezclamos con el pimiento del piquillo bien triturado. Lo dejamos enfriar. Montamos el aperitivo poniendo las patatas planas en platitos, encima de cada una colocamos una cucharadita de brandada y la tapamos con otra patata. Esparcimos el triturado de pimiento por encima y por el plato.

Comentarios

La brandada de bacalao es una emulsión que resulta de ligar sus elementos: leche, aceite y bacalao. Otra cosa es el puré de patata con bacalao.

Flan de manzana y butifarra negra

Ingredientes para 8 raciones 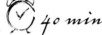 40 min

6 huevos enteros, 1 butifarra negra, 2 manzanas grandes, aceite, sal y pimienta.

Productos

Cuidado a la hora de escoger la butifarra, hay que asegurarse de que es artesana. Las mejores manzanas para esta elaboración son las golden, siempre muy aptas para cocinar.

Procedimiento

Pelamos las manzanas, las cortamos a tiras finas y las salteamos en una sartén con un chorrito de aceite. Una vez cojan color, las retiramos. Batimos los huevos, procurando que yema y clara queden bien integradas, echamos sal y pimienta y añadimos la manzana sin triturarla. Cortamos la butifarra a pequeños cubos o a láminas finas. Preparamos moldes de porcelana o cristal que se puedan llevar a la mesa o bien flaneras convencionales. En el primer caso, untamos los moldes con aceite; en el segundo, recortamos unas plantillas de papel antiadherente o de folio del mismo tamaño que el fondo de los recipientes y las untamos también de aceite. Las colocamos en el fondo de cada flanera. En cualquier caso, echamos la mitad del preparado de huevos y manzana en los moldes, ponemos trocitos de butifarra en medio y acabamos de echar la mezcla de huevo y manzana. Colocamos los moldes en una fuente al baño maría, es decir, que los moldes queden medio cubiertos de agua. Los cocemos en el horno 15 minutos a 160 °C.

Comentarios

Si los moldes son presentables, no se vacían. Si son flaneras, hay que dejarlas enfriar un poco y desmoldar.

Dos delicias

Ingredientes para 8 raciones  25 min

DE PLÁTANO CON POLLO Y COCO: 2 plátanos, 1 pechuga de pollo, 50 g de coco rallado, *curry*, sal, aceite. DE PLÁTANO CON BUTIFARRA NEGRA: 2 plátanos, 1 butifarra negra estrecha, perejil.

Productos

El *curry* es una mezcla de especias que, en principio y según la tradición, se prepara expresamente para cada elaboración. En este caso podemos utilizar uno convencional, pero un poco picante. Las calidades y los sabores de las butifarras pueden variar mucho. Buscaremos que sea de confianza.

Procedimiento

DE POLLO: cortamos la pechuga de pollo a cubos de un tamaño parecido al de las rodajas de plátano, de unos dos centímetros de grosor. Los freímos con aceite, sal y *curry*. Cortamos el plátano a rodajas y las doramos por ambos lados en una sartén con unas gotas de aceite. Las sacamos, las dejamos enfriar un poco y después las rebozamos con coco rallado. Ponemos el pollo debajo y encima de cada trocito colocamos la rodaja de plátano rebozada. Si lo queremos servir caliente, lo metemos un momento en el horno o en el microondas, 30 segundos. DE BUTIFARRA NEGRA: cortamos la butifarra a rodajas de 1/2 centímetro de grosor y las pasamos por una sartén hasta que suelten la grasa. Con el plátano, hacemos lo mismo que en la propuesta anterior y lo rebozamos con el perejil muy triturado. Procedemos igual que en las delicias anteriores.

Comentarios

Estas dos elaboraciones se pueden servir a la vez o se puede preparar sólo una según el gusto de cada uno.

Bolitas de patata, butifarra y tomate

Ingredientes para 8 raciones  1 hora

4 patatas medianas, 1 butifarra negra, 16 tomates cereza, sal, harina, aceite.

Productos

La patata monalisa es de piel fina, como si fuese tierna y de carne amarilla. No es apta para freír, pero va muy bien para los purés, porque no es tan densa como las otras.

Procedimiento

Hervimos las patatas con piel durante 40 minutos o hasta que se les abra la piel. Las escurrimos y las dejamos enfriar. Freímos los tomates enteros hasta que se les abra la piel. Quitamos la piel de la butifarra, la cortamos a trocitos pequeños, y después la trituramos con un cuchillo. Separamos 100 g y los reservamos. Con los otros 200 g hacemos una mezcla con las patatas peladas y aplastadas con un tenedor. Formamos bolitas con las manos del tamaño de una albóndiga convencional. Las pasamos por harina y las freímos por inmersión, es decir, en un baño de aceite caliente que las cubra. Aparte, desmenuzamos el resto de la butifarra en una sartén con aceite y a fuego lento. Las servimos en platitos con un tomate encima de cada una y un pincho de madera clavado. Echamos el aceite de la butifarra por encima.

Comentarios

Algunas recetas, como ésta, presentan un inconveniente a la hora de servirlas calientes. Una vez todo montado, se puede calentar en el horno o en el microondas.

Níscalo con longaniza y tomate

Ingredientes para 8 raciones  30 min

16 níscalos pequeños, 350 g de longaniza, 16 tomates cereza, aceite, sal, 1 trocito pequeño de ajo, perejil.

Productos

La longaniza, también llamada *butifarra cruda*, se asocia en Cataluña a los níscalos y el tomate. Es importante que esté elaborada de forma artesanal y que sea de calidad.

Procedimiento

Limpiamos los níscalos con un trapo, quitándoles los restos de tierra. Si están muy sucios, los pasamos por agua fría un momento. Ponemos aceite en una sartén y freímos la longaniza, cortada a rodajas de dos centímetros de grosor. La retiramos. En otra sartén con aceite, freímos los níscalos a fuego medio, echamos sal y, si es necesario, más aceite. Una vez blandos, los retiramos. Lavamos los tomates, les hacemos una pequeña incisión lateral y los freímos en el mismo aceite. Una vez se les dore la piel, los reservamos. Picamos el ajo y el perejil y lo echamos en la sartén con el fuego apagado. Montamos el aperitivo con el níscalo en la base, la longaniza en medio y el tomate encima. Lo aliñamos con aceite de ajo y perejil.

Comentarios

Este aperitivo está concebido para ser servido en platitos o recipientes pequeños con un tenedor de postre clavado encima.

Bolitas de col y níscalos

Ingredientes para 8 raciones  1 hora

1 col pequeña, sal, harina, 300 g de níscalos, aceite.

Productos

La mejor col, en cuanto a sabor, es la llamada *del país*, de color verde intenso y tallos gruesos. Si se utiliza ésta conviene, pues, quitarle la mayoría de estos tallos, ya que dificultarían la elaboración de las bolas.

Procedimiento

Quitamos las primeras hojas de la col. Llevamos el agua al fuego con sal y, una vez arranque el hervor, echamos la col cortada y sin los tallos gruesos. La cocemos 10 minutos y la escurrimos, prensándola bien para que saque toda el agua posible. Formamos bolitas con las manos, las pasamos por harina y las freímos en una sartén, dándoles la vuelta. Las sacamos y las escurrimos. Aparte, lavamos los níscalos y, si son pequeños, los hacemos enteros, si no, a trozos. Los salteamos en una sartén con aceite y sal. Ponemos las bolas en platitos y, encima de cada una, colocamos un níscalo o un trozo. Las aliñamos con el aceite de freír los níscalos.

Comentarios

Este aperitivo se puede dejar preparado y calentarlo en el horno o en el microondas antes de servir.

Anchoas en tenedor

Ingredientes para 8 raciones  15 min

8 anchoas en salmuera, 100 g de queso de cabra semicurado, 2 tomates rojos y fuertes, aceite, orégano.

Productos

Las anchoas en salmuera hay que lavarlas bien, quitarles la sal y dejarlas en remojo en agua fría un par de horas. Después pueden ya utilizarse para esta receta o para cualquier otra.

Procedimiento

Cortamos los tomates a rodajas de 1/2 centímetro. Cortamos el queso a láminas de un grosor un poco más pequeño. Quitamos las espinas de las anchoas, dejando los dos filetes de cada una limpios. Preparamos tenedores de tamaño normal y los pinchamos, primero con el tomate, después con el queso, y finalmente enrollamos dos filetes de anchoa en cada uno. Lo ponemos en platitos y lo aliñamos con aceite y una pizca de orégano.

Comentarios

Este tipo de aperitivo, de tamaño reducido, puede servirse solo o bien formando parte de una gama de estos entretenimientos.

Pera al oporto con foie gras

Ingredientes para 8 raciones 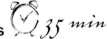 35 min

1 lámina de pasta brisa, 4 peras, 30 g de mantequilla, 100 cc de oporto, 1 bote, lata o tarrina de *foie gras* de 200 g.

Productos

No hay duda de que si la pasta brisa se elabora en casa es mucho mejor. De todas formas, como se trata de preparar un aperitivo que no dé mucho trabajo, podemos adquirirla ya hecha. También se puede utilizar hojaldre, pero bien alisado.

Procedimiento

Con un cortapastas de tamaño individual, cortamos 8 redondeles de brisa. Los colocamos en una fuente de horno con papel antiadherente. Los pinchamos por todas partes y los metemos en el horno a 180 °C, 10 ó 12 minutos, hasta que los veamos dorados. Aparte, pelamos las peras y las cortamos a láminas de 1/2 centímetro. Las echamos en una sartén con la mantequilla y, una vez adquieran color, las bañamos con el oporto. Lo reducimos hasta que adquiera punto de jarabe, lo echamos todo en otro recipiente y lo dejamos enfriar. Cortamos el *foie gras* a láminas parecidas a las de pera. Colocamos láminas de pera alternadas con láminas de *foie gras* sobre cada redondel de pasta y, si queda jarabe, lo echamos por encima.

Comentarios

Aunque no lo parezca, este aperitivo es de más calidad si se come frío. No olvidemos que el *foie gras* es de tarrina y, por lo tanto, para comer frío.

Huevos al plato

Ingredientes para 8 raciones 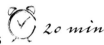 20 min

16 huevos de codorniz, 4 ajos tiernos, 50 g de jamón, sal.

Productos

Los huevos de codorniz tienen un sabor más potente que los de gallina, pegan con cualquier ingrediente de sabor también penetrante, en este caso, los ajos tiernos. Si no es su época, se pueden sustituir por puerros y un poco de ajo triturado.

Procedimiento

Pelamos los ajos aprovechando al máximo su parte verde. Los lavamos y los cortamos en una juliana muy fina. Echamos aceite en una sartén y salteamos los ajos hasta que se empiecen a dorar, con cuidado porque enseguida se queman, sobre todo las hojas verdes. Preparamos platitos de huevos mini o cualquier otro recipiente pequeño que tengamos. En cada uno rompemos 2 huevos y añadimos un poco de sal. Los metemos 35 o 40 segundos en el microondas a 660 W. Los sacamos, colocamos encima el jamón a virutitas pequeñas y los cubrimos con la juliana de ajos tiernos. Los servimos con rebanaditas de pan o con *grissini*.

Comentarios

Estos huevos también se pueden cocinar en el horno. El microondas es muy rápido, pero hay que tener en cuenta que, a veces, explotan. Por eso hay que cocerlos a una temperatura mediana.

Berenjenas griegas

Ingredientes para 8 raciones

2 berenjenas, sal, aceite, 2 limones, 100 g de azúcar.

Productos

Los limones hay que escogerlos de piel fina; cuanto más gruesa, más sabor amargo transmiten a los platos.

Procedimiento

LIMÓN CONFITADO: cortamos un limón y medio a rodajas y después a triangulitos. Lo arrimamos al fuego cubierto de agua. Lo hervimos 5 minutos, lo escurrimos y tiramos el agua. Lo llevamos de nuevo al fuego con el azúcar y cubierto de agua otra vez. Lo hervimos a fuego lento hasta que esté blando, transparente y casi sin agua. BERENJENA: pelamos las berenjenas y las cortamos a lonchas de arriba abajo. Las colocamos en una fuente para horno con sal, mucho zumo de limón y un chorro de aceite. Las asamos en el horno a 180 °C entre 10 y 15 minutos o hasta que veamos que están tiernas. Las sacamos y las ponemos en un recipiente para guardarlas en la nevera. Hacemos capas de berenjena, limón confitado y el jugo que hayan soltado en la fuente de cocción. Lo dejamos así un par de días y lo servimos. Escogemos cuatro platitos pequeños de la forma que queramos y colocamos dos rollitos de berenjena: enrollamos cada loncha con limón dentro y fuera y lo aliñamos con el jugo de la maceración.

Comentarios

Ésta es una receta exquisita y sorprendente inspirada en los *antipasti* italianos o los *mezedes* griegos, una especie de entremeses.

Brochetas de pollo lacado con sésamo

Ingredientes para 8 raciones

3 pechugas de pollo sin hueso, 2 cucharadas de miel, 50 cc de salsa de soja, 4 cucharadas de *ketchup*, 1 cucharada de sésamo tostado, aceite, sal.

Productos

El sésamo es una semilla que se utiliza mucho en la pastelería árabe y andaluza, en panes y pastas y también en platos de cocina oriental. Para sacarle el máximo partido gustativo, conviene tostarlo o comprarlo ya tostado. Si hay que hacerlo en casa, se puede meter en el horno o bien en una sartén, dándole unas vueltas.

Procedimiento

Cortamos las pechugas de pollo a cubos gruesos. Hacemos una mezcla con la miel, el *ketchup* y la soja y la echamos sobre el pollo. Lo dejamos así una hora y media. Lo escurrimos y llevamos el caldo restante a reducir. Hay que esperar a que espese, justo antes de que caramelice. Pasamos los cubos de pollo por esta salsa un poco fría y después los rebozamos con las semillas de sésamo. Los pinchamos en brochetas metálicas de tamaño pequeño y los metemos en el horno a 180 °C durante unos 10 minutos. Lo servimos caliente o frío.

Comentarios

El sabor de este lacado suele sorprender a quien no lo ha probado nunca y tiene mucho éxito, sobre todo con los más pequeños.

Foie gras con melocotón

Ingredientes para 8 raciones 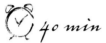 40 min

4 melocotones fuertes de verano, 300 g de tarrina de *foie gras*, 100 g de azúcar, 100 cc de oporto, agua. **Tostadas secas:** 6 rebanaditas de pan finas y redondas, aceite, sal.

Productos

Los melocotones para esta elaboración deben ser de los fuertes y amarillos. Cuando no es su época, se puede hacer lo mismo con manzanas golden.

Procedimiento

Hacemos un almíbar con el azúcar, el agua y el oporto. Este almíbar debe adquirir cuerpo de jarabe, es decir, tiene que llegar a 103 °C. Esta operación se hace a fuego lento, sin remover, y para saber el punto se le introduce un termómetro de azúcar o bien se comprueba con los dedos, poniendo una gotita en el pulgar y haciendo levantar el hilo con el índice. Pelamos los melocotones y los cortamos a láminas finas, los sumergimos en el almíbar y lo hervimos todo 2 minutos. Los sacamos y los escurrimos. Forramos 8 moldecitos de silicona con el melocotón, colocando las láminas muy juntas. Dentro ponemos unos cubitos de *foie gras* bien fríos, casi congelados. Lo salamos y tapamos los moldes con el resto del melocotón. Los introducimos en el congelador 45 minutos. Antes de servir, los desmoldamos y los colocamos sobre las tostadas. Reducimos bien el almíbar hasta jarabe y echamos un poco sobre los moldes.

Comentarios

Hay que comprar un *foie gras micuit* de buena calidad, que sea al natural y sin sabores añadidos.

Brochetas de vieira y tocino

Ingredientes para 8 raciones  40 min

16 vieiras de tamaño mediano, 300 g de tocino ibérico, 16 cebollitas francesas, aceite, sal, pimienta. **Salsa:** perejil, orégano, sal, aceite.

Productos

Actualmente se encuentran vieiras, llamadas también *conchas de peregrino*, congeladas y de muy buena calidad. Las hay de distintos tamaños, en este caso, teniendo en cuenta que son para brocheta, no es necesario que sean muy grandes. Normalmente llegan limpias, pero vale la pena lavarlas por si hubiera arena.

Procedimiento

Cubrimos las cebollitas con agua, sin quitarles la piel. Las hervimos 5 ó 6 minutos, las escurrimos y las dejamos enfriar un poco. Las pelamos y las salteamos en una sartén con aceite hasta que cojan color. Las cubrimos con agua, ponemos sal y pimienta y las cocemos 20 minutos a fuego lento, hasta que se les haya evaporado todo el líquido. En otra sartén o plancha, echamos unas gotitas de aceite, marcamos las vieiras 30 segundos por lado y las salpimentamos. En la misma sartén freímos el tocino cortado a cubos hasta que se vea crujiente por fuera. Cogemos 8 brochetas pequeñas y pinchamos las vieiras, las cebollitas y el tocino, alternándolos. Antes de servirlas, las calentamos en el horno a 200 °C durante 2 minutos. Las acompañamos con aceite aromatizado con el perejil y el orégano, todo bien triturado.

Comentarios

Cuando se preparan en casa, muchos aperitivos calientes presentan el problema de la preparación y el calentado posterior. Normalmente, exceptuando algunos fritos, se pueden preparar antes y calentarlos en el horno en el último momento.

Atún fresco con piquillo y arbequina

Ingredientes para 8 raciones 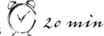 20 min

400 g de atún fresco en uno o varios trozos de 2 cm de grosor, 8 pimientos del piquillo, aceite, sal, pasta de aceituna arbequina.

Productos

Aparte de la pasta de aceituna negra, también existe la de aceituna arbequina. Hay la posibilidad de combinar ambas y gozar de los dos sabores.

Procedimiento

Cortamos o nos hacemos cortar el atún a cubos de 2 cm de grosor, cuanto más regulares mejor, y sin piel. Ponemos una cucharada de pasta de aceituna arbequina en un bol y la vamos aclarando con aceite. Preparamos los pimientos y los escurrimos bien del líquido de la conserva. Ponemos una plancha lisa en el fuego y esperamos a que empiece a humear. Echamos unas gotas de aceite y ponemos el atún. Lo salamos y lo asamos 1 minuto por lado. Ponemos los trozos de atún en un plato y dentro de cada pimiento introducimos otro trozo, procurando que quede una porción a la vista. Lo servimos en platitos pequeños individuales con el aceite de oliva arbequina por encima.

Comentarios

El atún se suele tratar como la carne tierna, por eso se recomienda no cocerlo excesivamente, ahora bien, si se quiere más hecho, hay que dejarlo 3 minutos por lado.

Brochetas de tortellini

Ingredientes para 8 unidades 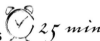 25 min

16 *tortellini* de queso, 8 tomates secos, 16 hojas de salvia. 30 cc de aceite, 2 cucharadas de zumo de limón, pimienta, sal.

Productos

La salvia es una hierba aromática que quizá sea más conocida por las propiedades medicinales que por las culinarias. De todas formas, la cocina mediterránea goza de recetas donde interviene como aromatizante. En este caso conviene que sea fresca, acabada de recoger. Los tomates secos se pueden adquirir ya en este estado.

Procedimiento

Ponemos una olla al fuego con agua abundante y sal y esperamos a que arranque el hervor. Echamos los *tortellini* y los cocemos 3 minutos más de los indicados en el envase. Los escurrimos y los pasamos por agua fría. En otro recipiente, ponemos agua bien caliente y dejamos los tomates en remojo 15 minutos. Los escurrimos bien. Aparte, hacemos una mezcla con el aceite, sal, pimienta y el zumo de limón. Lo batimos con fuerza con la ayuda de un tenedor o de un batidor manual de varillas. Pinchamos los *tortellini*, las hojitas de salvia y el tomate en brochetas pequeñas. Las servimos aliñadas con el aceite o lo ponemos en boles pequeños para mojar.

Comentarios

Este aperitivo se puede servir frío o caliente. En este caso, se puede calentar en el microondas 30 segundos.

Cata de quesos con mermelada

Ingredientes para 8 raciones 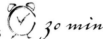 30 min

200 g de queso gorgonzola de calidad, 1 bote de mermelada de higo, 200 g de queso camembert de calidad, 1 bote de mermelada de tomate, 200 g de queso de cabra semiseco, 1 bote de mermelada de frambuesa, 200 g de queso de oveja seco, 1 bote de mermelada de naranja amarga, 32 rebanaditas de *baguette* o de barra de 1/4.

Productos

En este caso, preparamos un aperitivo con productos que compramos ya elaborados completamente, por lo tanto el éxito va a depender de la calidad de estos productos.

Procedimiento

Cortamos el pan a rebanadas finas, las ponemos en una fuente de horno y las tostamos ligeramente a 160 °C, unos 20 minutos. Las dejamos enfriar un poco y las dividimos en cuatro partes. Las primeras, las untamos con mermelada de higo no muy abundante y les colocamos un trocito de queso gorgonzola. Las segundas, las untamos con la mermelada de tomate y les ponemos un trocito queso camembert. Con las terceras hacemos lo mismo con la mermelada de frambuesa y el queso de cabra. Finalmente, untamos las últimas con mermelada de naranja amarga y les ponemos el queso de oveja seco. Servimos un surtido a cada comensal en un platito.

Comentarios

Éste es un aperitivo para los amantes del queso, es divertido y entretenido y la gracia es ir cambiando de sabor. Las tostadas se pueden comprar hechas, pero os recomendamos que las tostéis en el horno de casa. Si quedan secas duran unos cuantos días sin perder su textura crujiente.

Chapatitas dulces y saladas

Ingredientes para 8 raciones  45 min

8 chapatas mini, 8 lonchas de queso de oveja más bien seco, 8 lonchas finitas de tocino sin ahumar, 2 cebollas grandes, aceite, 50 g de azúcar.

Productos

Las chapatas tienen que ser de costra crujiente, poca miga y bien pequeñas. El tocino tiene que ser curado pero sin ahumar, en este caso, su sabor predomina demasiado.

Procedimiento

Pelamos las cebollas y las cortamos en juliana muy fina. Las ponemos en una cazuela con aceite más bien abundante y a fuego fuerte para que cojan color. Cuando estén bien doradas, escurrimos la mitad del aceite, añadimos azúcar y dejamos caramelizar. Enseguida echamos 1/4 de l de agua y la dejamos a fuego lento hasta que se haya evaporado del todo y la cebolla quede tierna. La dejamos enfriar un poco. Aparte, ponemos unas gotas de aceite en una sartén y freímos los trozos de tocino. Abrimos las chapatas y les sacamos la miga. En la parte de abajo ponemos una capa abundante de cebolla caramelizada, encima colocamos el queso y, seguidamente, el tocino. Las tapamos con la parte de arriba del pan, de forma que se vea un poco el relleno.

Comentarios

Un aperitivo-tapa con muchísimo sabor pero contundente en cuanto a calorías.

Pincho de piquillo con butifarra negra

Ingredientes para 8 raciones 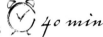 40 min

8 rebanaditas de barra de 1/4 cortadas con grosor de pincho, 8 pimientos del piquillo, 150 g de butifarra negra, 200 g de espinacas, 1 cucharada de pasas, 1 cucharada de piñones, 10 g de harina, 50 cc de agua, aceite.

Productos

Las espinacas para rellenar estos pimientos pueden ser frescas o también congeladas. La cantidad indicada en los ingredientes corresponde a espinacas frescas.

Procedimiento

Ponemos unas gotas de aceite en una sartén, añadimos los piñones y, cuando empiecen a coger color, echamos las pasas. Les damos una vuelta y añadimos las espinacas. Al principio ocupan mucho, pero en unos cuantos segundos pierden el agua y bajan el volumen. Les vamos dando vueltas y, al cabo de un par de minutos, añadimos la butifarra sin la piel. Lo cocemos todo junto unos cuantos minutos hasta que la butifarra se deshaga. Añadimos la harina y el agua y esperamos a que se consuma y quede una masa consistente. Dejamos enfriar y rellenamos los pimientos con esta pasta. Cortamos el pan a rebanadas con grosor de pincho y, encima de cada una, ponemos un pimiento relleno.

Comentarios

Esta elaboración depende exclusivamente de la calidad y el sabor de la butifarra negra.

Canapés de roquefort, rúcula y nueces

Ingredientes para 8 raciones 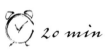 20 min

8 rebanadas de pan de molde, 1 bolsa de rúcula, 200 g de queso roquefort, 4 nueces peladas, 4 ó 5 cucharadas de aceite.

Productos

La rúcula es una hierba que crece silvestre en los campos labrados, muy pegada a la tierra. Tiene las hojas de color verde intenso, delgadas y alargadas, y la flor es de color amarillo. Años atrás, las rúculas se recogían y se comían mezcladas con la lechuga. Su sabor astringente y picante da relieve a la ensalada. Actualmente, la rúcula está de moda, debido al uso que hace de ella la cocina italiana, por eso se cultiva mucha y de diferentes variedades, con hojas más anchas, parecidas a las espinacas. Debido también a la divulgación italiana, se ha popularizado con el nombre de *rúcola*.

Procedimiento

Dejamos el queso a temperatura ambiente. Limpiamos bien las rúculas y las pasamos por la centrífuga, después las dejamos secar. Ponemos el queso roquefort en un bol con aceite y lo aplastamos con un tenedor hasta obtener una pasta homogénea. Cortamos las rebanadas de pan de molde con un cortapastas redondo o un vaso. Las untamos con la pasta de queso generosamente. Ponemos un buen puñado de rúcula y las nueces troceadas. Lo servimos en una fuente colectiva o en platitos individuales.

Comentarios

Éste es un aperitivo tipo canapé de sabores amargos, un poco restrictivo y para paladares osados.

Pincho de jamón y setas de cardo

Ingredientes para 8 raciones 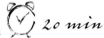 20 min

8 rebanadas de barra de 1/4 cortadas con grosor de pincho, 150 g de setas de cardo, 150 g de jamón ibérico, aceite, sal.

Productos

Las de cardo son setas que, actualmente, se cultivan. Por eso son muy fáciles de encontrar y las hay todo el año. A la plancha o salteadas con aceite están deliciosas.

Procedimiento

Limpiamos las setas con un paño húmedo. Si son grandes, las cortamos a trozos. Ponemos un chorro de aceite en una sartén y lo dejamos calentar un poco. Echamos las setas y las salamos. Las cocemos a fuego fuerte para propiciar la evaporación de líquidos. Les damos la vuelta y, cuando se doren, las sacamos. Cortamos el pan como se indica en los ingredientes. Ponemos las setas en caliente y, encima, colocamos dos virutas de jamón. La grasa se fundirá un poco en contacto con las setas calientes.

Comentarios

Este pincho se puede comer frío, pero, si podéis, probadlo en caliente, el jamón y la seta juntos resultan deliciosos.

Tostaditas de espárrago

Ingredientes para 8 raciones  45 min

1 barra de 1/4 del día anterior, 1 cucharada de mostaza con granito, 50 cc de aceite, 1 manojo de espárragos mini o normales, sal, 150 g de salmón ahumado.

Productos

Si se encuentran espárragos pequeños, es el tamaño ideal para montar la tostada, si no, se hace igual con espárragos más largos cortados por la mitad.

Procedimiento

Cortamos 16 rebanadas de la barra de 1/4 al bies y bien finas. Se puede hacer con un cuchillo de sierra o con la máquina de cortar. Las untamos con aceite y les ponemos sal. Las colocamos en una fuente de horno sobre papel antiadherente a 120 °C hasta que estén secas, unos 35 ó 40 minutos. Las sacamos y, en caliente, las untamos con mostaza de granito. Aparte, ponemos unas gotas de aceite en una sartén o plancha y salteamos los espárragos cortados como se ha indicado. Los salamos y, sin esperar a que estén muy tiernos, los ponemos encima de las tostadas. Cortamos el salmón en virutas y colocamos un par encima de los espárragos.

Comentarios

Si un día tenéis la ocasión, probad este aperitivo con espárragos trigueros, quizá no quede tan presentable, pero el sabor un poco amargo de este espárrago con la mostaza resulta delicioso.

Pan de semillas con anchoas

Ingredientes para 8 raciones 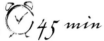 45 min

1 barrita de pan de semillas, 1 bote de anchoas en salmuera, orégano, 2 tomates maduros y fuertes, aceite, sal.

Productos

A las anchoas en salmuera les conviene un desalado antes de su uso, por lo tanto, una vez se les quita la sal, deberán estar en remojo, todavía, un par de horas.

Procedimiento

Cortamos 8 rebanadas de la barra de pan al bies y bien finas. Se puede hacer con un cuchillo de sierra o con la máquina de cortar. Las fregamos con tomate, ponemos sal y las untamos de aceite de modo que queden bien empapadas. Añadimos un poco de orégano a cada una. Las colocamos en una fuente de horno, encima de papel antiadherente, a 120 °C, hasta que estén secas, unos 35-40 minutos. Aparte, dejamos las anchoas en remojo 3 ó 4 horas, habiéndoles sacado la sal primero. Las secamos bien y las ponemos encima de las rebanadas con unas gotitas de aceite y otro poco de orégano.

Comentarios

Estas rebanadas de pan quedan totalmente secas y duran unos cuantos días conservando todo su crujiente.

Tostada mediterránea

Ingredientes para 8 raciones  45 min

1 barra de 1/4 del día anterior, 1 bote de pasta de oliva, 200 g de queso de cabra de tubo y de tamaño pequeño, 2 tomates a rodajas finas, 8 hojitas de albahaca fresca, aceite, sal.

Productos

La pasta de oliva, sobre todo la de oliva negra, tiene un sabor muy intenso y penetrante, por eso no se puede abusar de la cantidad y hay que alargarla con aceite.

Procedimiento

Cortamos 16 rebanadas de la barra de 1/4 al bies y bien finas. Se puede hacer con un cuchillo de sierra o con la máquina de cortar. Las untamos con aceite y ponemos un poco de sal. Las colocamos en una fuente para el horno, encima de papel antiadherente, a 120 °C, hasta que estén secas, unos 35-40 minutos. Las sacamos y, en caliente, las untamos con la pasta de oliva negra bien alargada. Lavamos los tomates y los cortamos a rodajas no muy finas. Encima de cada tostada, colocamos una o dos, dependiendo del tamaño de cada cosa. Cortamos el queso de tubo tan fino como podamos y ponemos una rodaja encima del tomate. Para acabar, colocamos una hojita de albahaca fresca.

Comentarios

El queso de cabra de tubo es tan potente que, a veces, llega a agobiar el paladar. Creemos que se debe servir en una cantidad moderada para poder degustarlo a fondo.

Pan seco con atún

Ingredientes para 8 raciones 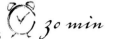 *30 min*

1 barra de 1/4 del día anterior, aceite, 1 ajo pequeño, 1 bote de aceitunas rellenas, 1 pimiento asado o pimiento del piquillo, perejil, 1 lata grande de atún en aceite.

Productos

Hay infinidad de clases de atún en conserva. En este caso, si podemos, escogeremos uno bien entero que no salga desmigado.

Procedimiento

Cortamos 16 rebanadas de la barra de 1/4 al bies y bien finas. Se puede hacer con un cuchillo de sierra o con la máquina de cortar. Les frotamos un poco de ajo crudo. Las untamos con aceite y les ponemos sal. Las colocamos en una fuente para horno sobre papel antiadherente a 120 °C hasta que estén secas, unos 35-40 minutos. Preparamos el pimiento, el perejil y las aceitunas en un triturado no muy fino y lo aliñamos con aceite. Ponemos una capa de esta preparación en cada rebanada y, encima, colocamos un tronquito de atún.

Comentarios

Estas tostadas se pueden dejar hechas y duran unos cuantos días. Se pueden guardar en una caja de lata o de plástico un poco abierta para que no creen humedad.

Bacalao con rábanos y pan negro

Ingredientes para 8 raciones 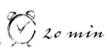 *20 min*

1 barrita de pan de centeno o pan de molde de centeno, 200 g de bacalao ahumado, un manojo de rábanos, 4 pepinillos en conserva, berros o rúcula, aceite, mostaza de granito.

Productos

Los berros son unas plantas que crecen en los lechos de los riachuelos, en más cantidad de abril a octubre. Son muy consumidos y conocidos en Francia en la alta gastronomía, y en nuestro país más valorados por la gente de campo. Actualmente se encuentran en el mercado gracias a las plantaciones que se cultivan.

Procedimiento

Tostamos el pan ligeramente. Batimos la mostaza con el aceite hasta que quede bien ligado. Untamos las tostadas con esta emulsión. Lavamos bien los rábanos y los cortamos a rodajas si son de los redondos, o en cortes largos si son del país. Cortamos también los pepinillos de la misma manera. Colocamos ambos productos encima de las tostadas. Ponemos una viruta de bacalao ahumado y unas cuantas hojas de rúcula encima. Antes de servirlo, echamos un chorrito más de mostaza con aceite.

Comentarios

El pan de centeno se puede encontrar en hornos especializados o, a veces, en los supermercados en forma de pan de molde.

Rebanadita de anguila ahumada

Ingredientes para 8 raciones 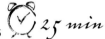 25 min

1 paquete de anguila ahumada, 16 rebanadas de barra de 1/4 , 2 tomates rojos, media cebolla, aceite, sal, pimienta, aceitunas negras.

Productos

La anguila ahumada es un producto muy típico de los pueblos del Delta del Ebro. Se encuentra envasada al vacío y a filetes, elaborada en el territorio.

Procedimiento

Cortamos las rebanadas de pan. Pelamos la cebolla y trituramos la mitad bien pequeña, como si fuera para sofrito. Lavamos los tomates, les quitamos un poco el agua y las semillas y las cortamos igual que la cebolla. Mezclamos ambas cosas y las aliñamos con aceite y sal. Ponemos esta preparación encima de las rebanadas. Cortamos los filetes de anguila a cuadritos y los colocamos encima de la mezcla de cebolla y tomate. Lo servimos en platitos o en una fuente conjunta con aceitunas negras.

Comentarios

Este aperitivo se encuentra casi en todos los establecimientos de restauración de los pueblos del Delta del Ebro, acompañado de aceitunas negras. Si vais allí no dejéis de probarlo, y diferenciadlo del *xapadillo* de anguila, que es otra cuestión.

Pan con tomate y longaniza seca

Ingredientes para 8 raciones 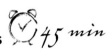 45 min

1 barra de pan del día anterior, 1/2 l de zumo de tomate hecho con 4 tomates grandes y maduros, 3 hojas de gelatina neutra, 1 clara de huevo pasteurizada, aceite, sal, 1 longaniza seca.

Productos

La longaniza seca es la misma longaniza o butifarra cruda dejada secar. También se puede hacer con fuet u otros tipos de embutido parecidos.

Procedimiento

Cortamos la barra de pan al bies y bien fina con un cuchillo de pan o con la máquina de cortar. Preparamos anillos pequeños u otros recipientes que puedan ir al horno. Lo ponemos en el horno a 150 °C unos 30 minutos. Mientras, trituramos los tomates pelados y sin semillas, los aliñamos con aceite y sal y lo mezclamos hasta que quede bien integrado. Ponemos la gelatina en remojo en agua fría hasta que pierda la consistencia. Ponemos un dedo de agua al fuego y disolvemos las hojas de gelatina, las mezclamos con el zumo de tomate y dejamos que repose 10 minutos. Montamos la clara a punto de nieve fuerte con un batidor eléctrico de varillas. Mezclamos la clara montada con el zumo de tomate y lo ponemos en la nevera. Sacamos el pan del horno y, en caliente, lo sacamos de los moldes o anillos y lo ponemos en una fuente. Dentro de cada rebanada redonda ponemos toda la mezcla de tomate que quepa. Lo ponemos en la nevera hasta el momento de servir y ponemos 2 ó 3 rodajitas de longaniza seca encima.

Comentarios

Un aperitivo que conlleva unos cuantos pasos, pero muy original y divertido.

Pincho de gulas y jamón

Ingredientes para 8 raciones 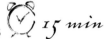 *15 min*

16 rebanadas de pan de barra de 1/2 kg, 1 cajita de gulas, 200 g de jamón ibérico, 1 cebolla tierna. **Salsa mayonesa:** 50 cc de leche, 200 cc de aceite, gotas de vinagre, sal.

Productos

La mayonesa es una salsa emulsionada entre el huevo y el aceite y con volumen, y que, como sabemos, se utiliza para infinidad de platos fríos. Es la base de otras salsas que derivan de ella. La misma mayonesa se puede elaborar con leche sustituyendo el huevo. El equivalente a un huevo serían unos 50 cc de leche. Esta variante es cómoda y, sobre todo, segura en verano, cuando hace calor y el huevo crudo no es muy recomendable a causa de la posible expansión de la salmonela. También existe el recurso de comprarla hecha, pero en ningún caso se parecerá al sabor de la elaborada en casa.

Procedimiento

Cortamos el pan a rebanaditas no muy delgadas. Trituramos el jamón y las gulas con un cuchillo que corte bien. Si lo hacemos a máquina, nunca va a quedar como a mano. Ponemos el huevo o la leche en el bote de la batidora, añadimos la sal y el vinagre (si la hacemos con leche, echamos el vinagre cuando la mayonesa ya esté montada). Echamos, también, la mitad del aceite y batimos, moviendo el brazo eléctrico de arriba abajo. Vamos añadiendo el resto del aceite mientras continuamos batiendo. Mezclamos el triturado de gulas y jamón con unas cuantas cucharadas de mayonesa. Colocamos este preparado encima de las rebanaditas haciendo montaña y lo acabamos con rodajitas finas de cebolla tierna.

Comentarios

Hay gulas neutras o preparadas con sabores. Proponemos las primeras, porque el sabor ya se lo damos nosotros.

Pincho de lomo con piquillo

Ingredientes para 8 raciones 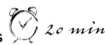 *20 min*

16 rebanaditas de pan de barra de 1/4 con grosor de pincho, 16 trozos de lomo de cerdo cortado fino, 16 pimientos del piquillo, 2 ajos, perejil, aceite, sal.

Productos

Este pincho se puede hacer con lomo de cerdo normal o, si se quiere mejorar, se puede probar con lomo ibérico: es buenísimo.

Procedimiento

Cortamos el pan como se indica en los ingredientes. Ponemos aceite en una sartén y echamos los pimientos del piquillo bien escurridos del jugo. Añadimos el ajo y el perejil bien picados y le damos un par de vueltas hasta que el ajo se vea un poco frito. Lo reservamos. Cogemos los trozos de lomo y los asamos, vuelta y vuelta, en una plancha bien caliente, con unas gotitas de aceite. Echamos sal y, si nos gusta, pimienta. Encima de cada rebanada ponemos un pimiento con un poco del aceite que hayan soltado. Encima colocamos un trozo de lomo. Se puede comer frío o caliente.

Comentarios

Éste es un pincho muy típico del País Vasco. Su gracia es que el lomo no esté demasiado hecho y que el pimiento sea de buena calidad.

Pincho de pimiento relleno de bacalao

Ingredientes para 8 raciones 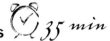 35 min

8 rebanadas de barra de 1/4 con grosor de pincho, 8 pimientos del piquillo. **BRANDADA:** 250 g de bacalao, 1/2 ajo pequeño, 100 cc de leche, 1/4 de l de aceite, sal si es necesario.

Productos

El bacalao se puede comprar del que se vende para *esqueixada*, es decir, a migas. De esta manera, con unas 3 ó 4 horas de remojo habrá bastante.

Procedimiento

BRANDADA: desalamos el bacalao y lo dejamos con un punto de sal. Lo escaldamos 1 minuto en agua hirviendo hasta que salga la espuma. Lo escurrimos y lo echamos en el bote de la batidora. Echamos también el ajo, la leche y una tercera parte del aceite. Lo batimos y, a medida que vaya ligando, vamos añadiendo el resto del aceite. Si espesa mucho, se pueden añadir pequeñas cantidades de leche. Debe quedar muy montada, como una salsa mayonesa espesa. La metemos 10 minutos en el congelador para que coja cuerpo. Una vez fría, rellenamos los pimientos, llenándolos mucho. Cortamos las rebanadas tal como se indica en los ingredientes y, encima de cada una, colocamos un pimiento relleno.

Comentarios

En algunos establecimientos preparan los pimientos rellenos con una panada de harina con bacalao. Es una alternativa a la brandada que consiste en una emulsión que resulta de ligar sus elementos: leche, aceite y bacalao. Otra cosa es puré de patata con bacalao.

Pincho de boquerones y piquillo

Ingredientes para 8 raciones  1 hora

350 g de boquerones frescos, 1 bote de tiras de pimiento del piquillo, aceite, sal, 1 huevo, harina, 8 rebanadas de pan con grosor de pincho.

Productos

El boquerón es un pescado azul de pequeño tamaño y de sabor muy suave. Se pesca en grandes cantidades para destinarlo a la conserva de anchoas en salmuera o en aceite. Fresco, está muy bueno enharinado y frito.

Procedimiento

Limpiamos los boquerones, sacándoles la cabeza, la tripa y la espina. Los salamos levemente y los rellenamos con las tiras de pimiento de piquillo. Los enharinamos y los sacudimos después. Preparamos una freidora o un buen baño de aceite y lo calentamos. Pasamos los boquerones por el huevo batido y los freímos por inmersión un par de minutos, o hasta que los veamos doraditos. Los escurrimos bien del aceite. Cortamos las rebanadas de pan como se indica en los ingredientes y colocamos dos o tres boquerones encima de cada una.

Comentarios

El frito por inmersión es muy importante para que las piezas de boquerón queden hechas de forma homogénea, con buena forma y, contrariamente a lo que se podría pensar, menos empapadas de aceite.

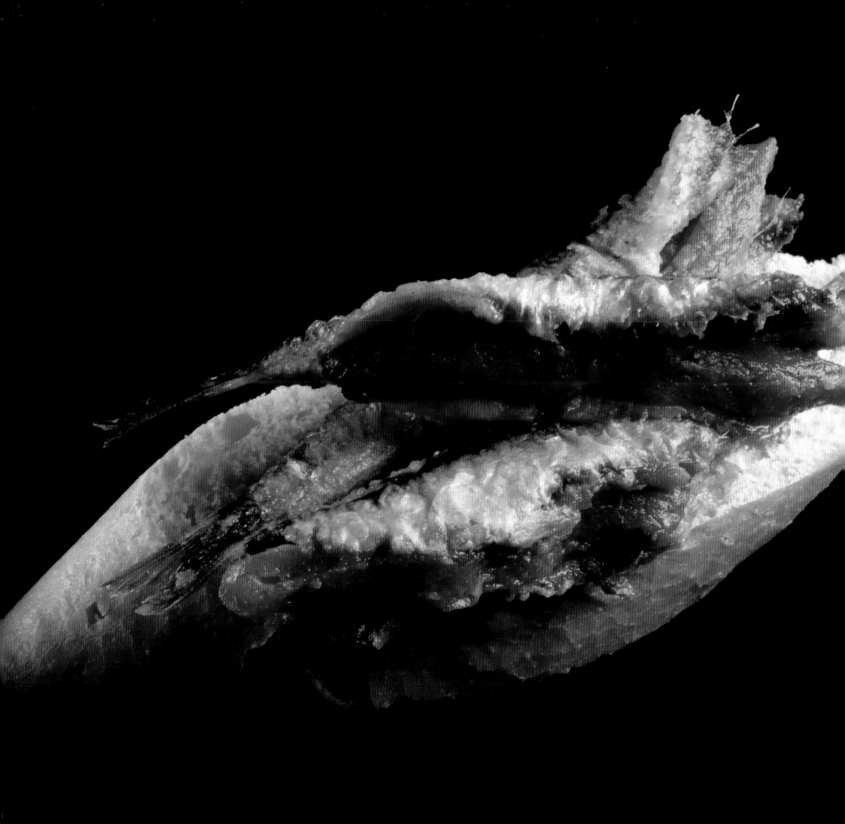

Pincho de chistorra con huevos de codorniz

Ingredientes para 8 raciones 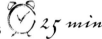 25 min

8 rebanadas de barra de 1/4 con grosor de pincho, 200 g de chistorra, aceite, 8 huevos de codorniz.

Productos

La chistorra es un embutido de origen vasco procedente de la matanza. Se hace con carne de cerdo, grasa, ajo, pimentón y, a veces, perejil. En algunos lugares añaden también carne de ternera. No es un embutido muy curado y se suele comer frito o a la plancha.

Procedimiento

Cortamos el pan como se indica en los ingredientes. Cortamos la chistorra a rodajas o, si es muy delgada, a tronquitos. La freímos con unas gotas de aceite y a fuego lento para que vaya desprendiendo toda la grasa y no quede seca. La colocamos sobre las rebanadas en caliente y con el aceite que ha soltado. Aparte, hacemos los huevos de codorniz como huevos fritos en una sartén con aceite abundante o, simplemente, a la plancha. Si se opta por esta segunda, la plancha debe ser lisa. Una vez hechos, colocamos uno en cada rebanada, encima de la chistorra.

Comentarios

Éste es un pincho muy sabroso y tentador, pero hay que consumirlo sólo de vez en cuando, porque es muy graso y calórico.

Pincho de anchoas y verduritas

Ingredientes para 8 raciones  25 min

16 rebanadas de barra de 1/4 con grosor de pincho, 16 anchoas en salmuera, 1 cebolla blanca, 1 pimiento verde, 2 pimientos del piquillo, aceite, sal.

Productos

Las anchoas en salmuera hay que desalarlas. En este caso, con unos 20 minutos de remojo habrá bastante.

Procedimiento

Sacamos las anchoas del bote y las pasamos por agua fría hasta que no les queden restos de sal. Las dejamos en remojo 20 minutos. Después las escurrimos y les quitamos la tripa y la espina. Si se separan en dos filetes no pasa nada. Las dejamos aliñadas con aceite en un plato. Mientras tanto, trituramos la cebolla y el pimiento verde bien pequeños. Lo mezclamos con los pimientos del piquillo de lata, igualmente triturados, y lo aliñamos con un poco de sal y aceite. Lo repartimos entre las rebanadas y, encima, colocamos dos filetes de anchoa.

Comentarios

Éste es un pincho muy refrescante y saludable que contrasta con otros más grasos y calóricos.

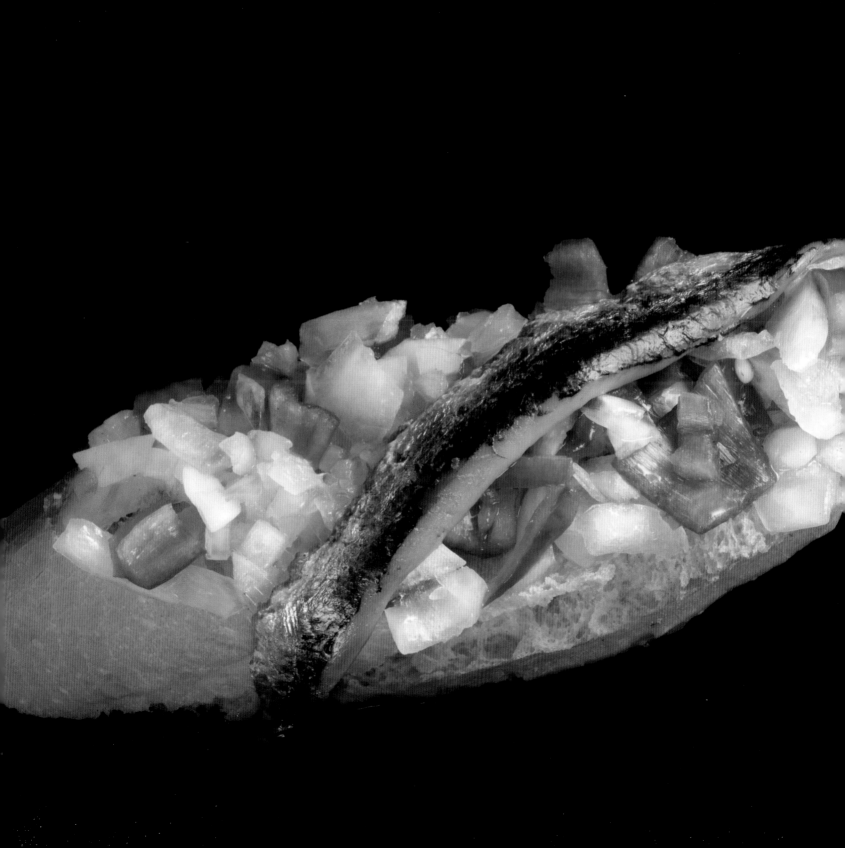

Magdalenas de espinacas, judías y bacalao

Ingredientes para 8 unidades 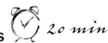 40 min

250 g de judías hervidas, 1/2 kg de espinacas frescas o 200 g de congeladas, 150 g de bacalao remojado, aceite, sal.

Productos

Las judías se pueden adquirir en conserva o hervidas en los establecimientos especializados. Eso acorta mucho el proceso de este aperitivo.

Procedimiento

Ponemos un chorro de aceite en una sartén y freímos las judías, bien escurridas, a fuego lento. Una vez empiecen a dorarse, añadimos las espinacas crudas o congeladas y el bacalao desmigado. Probamos de sal y, si es necesario, rectificamos. Batimos los huevos para tortilla y los mezclamos con el preparado anterior. Preparamos moldes individuales de silicona. Si no lo son, los untamos y enharinamos para desmoldarlos con facilidad. Los metemos en el horno a 200 °C unos 7 minutos. Dejamos enfriar un poco las magdalenas y las desmoldamos. Las servimos frías o tibias (30 segundos en el microondas).

Comentarios

Es sorprendente no saber qué te metes en la boca y encontrarte el sabor de la tortilla con el toque de bacalao.

Canapé de salmón con nata e hinojo

Ingredientes para 8 raciones 20 min

8 rebanadas de pan de molde, 200 cc de nata para montar, 1 cucharada de mostaza, 1 cucharadita de azúcar, sal, 1 ramo de hinojo, 200 g de salmón ahumado, otro ramo de hinojo con hojita.

Productos

La nata para esta receta debe ser grasa y que se pueda medio montar. El hinojo es una hierba silvestre que se encuentra tierna en primavera y en otoño. Si la sabéis reconocer, la podéis encontrar en cualquier campo poco cuidado. Si no, la podéis sustituir por eneldo, que es el hinojo cultivado.

Procedimiento

Para montar la nata tiene que estar fría de la nevera, si no, no se monta. La ponemos en un bol de pared alta, añadimos el azúcar y la sal y la montamos con el batidor de varillas, sólo hasta que coja un poco de volumen. Añadimos la mostaza y el hinojo triturado. De cada rebanada de pan de molde, hacemos dos canapés redondos con un cortapastas pequeño. Los untamos con nata y, encima, colocamos el salmón en virutas. Adornamos con las ramitas de hinojo.

Comentarios

La salsa que hacemos con esta nata es la que acompaña al salmón marinado en la cocina nórdica. Es muy contrastada y casa perfectamente con el salmón.

Pan tostado con sobrasada y miel

Ingredientes para 8 raciones 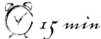 15 min

8 rebanadas de pan de barra de 1/2 kg, 200 g de sobrasada de Mallorca o de Menorca, 3 cucharadas grandes de miel.

Productos

Para esta preparación debemos adquirir una sobrasada artesana de primerísima calidad, es decir, de las Baleares. Si podemos escoger, será mejor la picante, por el contraste sorprendente entre el dulce de la miel y el picante de la sobrasada.

Procedimiento

Quitamos la piel a la sobrasada. La ponemos en una sartén sin aceite y a fuego muy lento. La aplastamos con un tenedor hasta que esté derretida. Añadimos la miel, siguiendo con el fuego lento, y lo mezclamos todo hasta que esté bien unido. Tostamos las rebanadas en el horno a 180 °C hasta que estén doradas y secas. Ponemos una cucharada de sobrasada con miel encima de cada tostada y lo servimos caliente o frío.

Comentarios

Éste es un aperitivo sorprendente y cómodo. Permite dejarlo todo preparado y montarlo un rato antes de servirlo.

Pizzeta de cebolla, feta y boquerón

Ingredientes para 8 raciones  40 min

8 rebanadas de pan de molde, 1 cebolla grande, 150 g de queso feta, miel, 8 filetes de boquerón en vinagre, 4 tomates cereza, sal.

Productos

El feta es un queso de origen griego. Se elabora a base de leche de oveja, se conserva con el suero y es de sabor más bien salado y de carne prieta. En Grecia se utiliza mucho, sobre todo en ensaladas.

Procedimiento

Pelamos y cortamos la cebolla en juliana fina. La ponemos en una sartén con aceite y la doramos levemente, casi sin que coja color en este caso. Una vez hecha, la cubrimos de agua y la cocemos a fuego lento 20 minutos, con un poco de sal. Dejamos que el agua se evapore completamente y la dejamos enfriar. Cortamos las rebanadas de pan de molde con un cortapastas o con un aro a medida de ración. Cortamos el queso a trocitos. Lavamos los boquerones para quitarles el exceso de vinagre y partimos los tomates por la mitad. Cubrimos las rebanadas con la cebolla y, encima, ponemos los filetes de boquerón, el medio tomate y un chorrito fino de miel.

Comentarios

Éste es un aperitivo muy fácil de preparar, sólo hay la cuestión de la cebolla, que debe quedar bien blanda y melosa. Gustará mucho.

Moldecitos de queso azul con nueces

Ingredientes para 8 raciones  45 min

100 g de queso azul, 25 g de nueces peladas, 1 cucharada de piñones, 1/2 manzana, 75 g de harina, 1 cucharadita de levadura rápida, 2 huevos, 100 cc de leche, 50 cc de aceite, 50 g de emmental rallado, harina, sal.

Productos

El queso azul es el producto principal de estos pastelillos, conviene respetarlo y no cambiarlo por otro.

Procedimiento

Pelamos la manzana y la cortamos a trocitos o laminitas finas. Troceamos un poco las nueces con las manos o en el mortero y aplastamos el queso azul. Batimos las yemas de los huevos con el aceite y la leche hasta que quede unido. Echamos la harina y la levadura y el resto de ingredientes, menos las claras. Las montamos a punto de nieve bien fuerte con el batidor eléctrico de varillas. Las mezclamos con suavidad con la pasta preparada anteriormente. Preparamos moldes de flan o de magdalena y, si no son de silicona, los untamos con aceite y los espolvoreamos con harina para poderlos desmoldar con facilidad. Los cocemos en el horno 25 minutos a 180 °C. Los servimos fríos y, si queremos, los acompañamos con endibias troceadas y aliñadas con aceite, sal y vinagre.

Comentarios

Tanto este molde de queso como otros bizcochos o magdalenas saladas resultan sorprendentes, nadie espera su sabor.

Magdalenas de setas

Ingredientes para 8 unidades 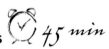 45 min

Magdalenas: 2 escalonias, 1 puerro pequeño o 1/2, 200 g de setas frescas o congeladas, aceite, sal, 2 huevos, 25 cc de aceite, 50 cc de leche, 100 g de harina, 1/2 cucharada de levadura, 5 g de sal. Acompañamiento: un puñado de rúcula y vinagreta.

Productos

Las magdalenas tradicionales son dulces, pero aprovechando la pasta y eliminando el azúcar se pueden hacer toda clase de combinaciones.

Procedimiento

Magdalenas: pelamos las escalonias, las trituramos y las salteamos con el puerro en aceite. Una vez ablandadas, añadimos las setas y las salteamos a fuego vivo. Hacemos una mezcla con todos los ingredientes necesarios para las magdalenas, procurando que quede bien lisa. Le añadimos las setas con escalonia y puerro y lo echamos todo en moldes pequeños o cestitas de magdalena, dejando 2 cm de margen. Las cocemos 25 minutos en el horno a 160 °C. Acompañamiento: aliñamos la rúcula con sal y vinagreta y lo servimos todo junto.

Comentarios

Las magdalenas se conservar bien y se pueden congelar.

Bizcocho de cebolla tierna y atún

Ingredientes para 8 raciones 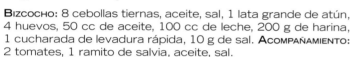 45 min

Bizcocho: 8 cebollas tiernas, aceite, sal, 1 lata grande de atún, 4 huevos, 50 cc de aceite, 100 cc de leche, 200 g de harina, 1 cucharada de levadura rápida, 10 g de sal. **Acompañamiento:** 2 tomates, 1 ramito de salvia, aceite, sal.

Productos

Los bizcochos son dulces caseros elaborados con una base de pasta similar al bizcocho neutro. Es una pasta con la cual también se pueden mezclar ingredientes diferentes y convertirlos en salados y, por lo tanto, sin azúcar.

Procedimiento

Bizcocho: salteamos las cebollas a rodajas con aceite y sal hasta que estén transparentes pero sin color, es decir, rehogadas. Mezclamos todos los ingredientes necesarios para el bizcocho, procurando que queden bien integrados. Añadimos las cebollas y echamos el conjunto en un molde de cake de litro o en moldes pequeños si se desean individuales. Lo cocemos en el horno 45 minutos a 160 °C. Si son moldes pequeños, pueden estar listos en 20-25 minutos. **Acompañamiento:** pelamos los tomates, les sacamos las semillas y los cortamos a daditos. Los aliñamos con aceite, sal y las hojitas de salvia y lo servimos todo junto.

Comentarios

Éste es un bizcocho que tiene la ventaja de durar unos cuantos días sin deteriorarse, incluso se puede congelar y sacarlo un rato antes de servir. Se mantiene intacto.

Empanadillas

Ingredientes para 16 unidades 1 hora y 30 min

Pasta: 125 cc de leche, 125 cc de aceite, 50 cc de vino rancio, 1 cucharadita (10 g) de levadura rápida, sal, 1/2 kg de harina. **Relleno:** 200 g de magro de cerdo o cabeza de lomo, 2 pechugas de pollo, 2 cebollas, 1 tomate, 50 cc de vino rancio, aceite, sal.

Productos

La levadura rápida es la que se utiliza para dar volumen a las pastas sin necesidad de dejarlas fermentar.

Procedimiento

Relleno: echamos aceite en una cazuela y, una vez caliente, doramos las carnes. Añadimos la cebolla troceada y, cuando adquiera color, echamos el tomate rallado. Reducimos y echamos el vino rancio. Le damos un hervor y, seguidamente, echamos dos vasos de agua. Tapamos la cazuela y lo cocemos todo media hora. Al final no debe quedar líquido. Una vez cocido, lo pasamos por la trituradora. **Pasta:** mezclamos todos los líquidos en un bol grande. Añadimos la harina y la levadura a la vez y mezclamos con las manos hasta que la pasta se desprenda del bol. La echamos en la superficie de trabajo y la amasamos 5 ó 6 minutos con las manos hasta obtener una pasta lisa. Hacemos una bola y la dejamos reposar media hora. Después volvemos a amasar un momento y la alisamos con un rodillo. La dejamos fina y la cortamos a redondas. En medio de cada una ponemos una cucharada de relleno. Las cerramos en forma de media luna y las sellamos apretando el borde con un tenedor. Las freímos por inmersión o las cocemos en el horno 20 minutos a 180 °C. En este segundo caso, las pintamos con yema de huevo.

Comentarios

En este caso, el hecho de elaborar la pasta alarga mucho el proceso. Si se quiere, se puede sustituir por una pasta brisa ya elaborada, que se encuentra en casi todos los comercios dedicados a la alimentación.

Empanadas de vieiras y ceps

Ingredientes para 16 unidades ⏰ *1 hora*

RELLENO: 300 g de vieiras mini, 300 g de ceps congelados, aceite, sal, pimienta, 20 g de harina, 100 cc de agua. **PASTA:** 125 cc de leche, 125 cc de aceite, 50 cc de vino rancio, 1 cucharadita (10 g) de levadura rápida, sal, 1/2 kg de harina, 1 yema de huevo para pintar.

Productos

Para este tipo de preparaciones disfrutamos de vieiras y ceps congelados de bastante buena calidad y más económicos que en fresco.

Procedimiento

RELLENO: salteamos los ceps bien escurridos del agua con aceite, a fuego fuerte. Añadimos las vieiras y ponemos sal y pimienta. Añadimos también la harina, la removemos y echamos medio vaso del agua de los ceps. Reducimos. Una vez frío, lo envolvemos con la pasta. **PASTA:** mezclamos todos los líquidos en un bol grande. Añadimos la harina y la levadura a la vez y mezclamos con las manos hasta que la pasta se desprenda del bol. La echamos en la superficie de trabajo y la amasamos 5 ó 6 minutos con las manos hasta obtener una pasta lisa. Hacemos una bola y la dejamos reposar media hora. Después la volvemos a amasar un momento y la alisamos con un rodillo. La dejamos fina y la cortamos a redondas. En medio de cada una ponemos una cucharada de relleno. Las cerramos en forma de media luna y las sellamos apretando el borde con un tenedor. Las freímos por inmersión o las cocemos 20 minutos en el horno a 180 °C. En este segundo caso, las pintamos con yema de huevo.

Comentarios

Como pasa con las empanadillas de bogavante, sorprenderéis con el sabor de éstas.

Magdalenas de tortilla de patatas

Ingredientes para 8 unidades ⏰ *40 min*

1 cebolla pequeña, 2 patatas medianas, 4 huevos, sal, aceite.

Productos

Según nuestro criterio, las mejores patatas para tortilla son las de pulpa firme, como las kennebeck o las pontiac. Las monalisa suelen quedar más harinosas. De todas formas, es cuestión de gustos.

Procedimiento

Pelamos la cebolla y las patatas y las freímos en una cantidad de aceite moderada a fuego lento. Va muy bien taparlo para que al mismo tiempo que se doran se vayan ablandando. Ponemos sal y, una vez adquieran color y estén blandas, las echamos en un colador y las escurrimos del aceite. Batimos los huevos para tortilla y los mezclamos con la patata y la cebolla. Preparamos moldes individuales de silicona. Si son de otro material, los untamos y enharinamos para poderlos desmoldar con facilidad. Los metemos en el horno 7 minutos a 200 °C. Dejamos enfriar un poco las magdalenas y las desmoldamos. Las servimos frías o tibias, calentadas 30 segundos en el microondas.

Comentarios

La gracia de este aperitivo es su aspecto. Nadie se espera que un bizcocho o una magdalena tenga el sabor y la textura de una tortilla de patatas tradicional. Además, la facilidad de poderlo hacer con antelación y guardarlo hasta el momento de servir de manera intacta es una gran ventaja.

Empanadillas de bogavante

Ingredientes para 16 unidades 1 hora

Pasta: 125 cc de leche, 125 cc de aceite, 50 cc de vino rancio, 1 cucharadita (10 g) de levadura rápida, sal, 1/2 kg de harina, 1 huevo para pintar si se cuecen en el horno. **Relleno:** 2 cebollas, 300 g de patas de bogavante congeladas, aceite, sal, pimienta.

Productos

Las patas de bogavante se encuentran congeladas y sin costra. Es un producto de calidad y de muy buen sabor que permite realizar muchas elaboraciones a base de rellenos.

Procedimiento

Relleno: sofreímos la cebolla, triturada, con aceite. Una vez dorada, añadimos un vaso de agua para ablandarla. Cuando haya reducido completamente, añadimos las patas de bogavante, sal y pimienta. Lo cocemos a fuego fuerte 5 minutos y echamos la harina, la removemos y echamos también medio vaso de agua. **Pasta:** mezclamos todos los líquidos en un bol grande. Añadimos la harina y la levadura a la vez y lo mezclamos con las manos hasta que la pasta se desprenda del bol. La echamos en la superficie de trabajo y la amasamos 5 ó 6 minutos con las manos hasta obtener una pasta lisa. Hacemos una bola y la dejamos reposar media hora. Después la volvemos a amasar un momento y la alisamos con un rodillo. La dejamos fina y la cortamos a redondas. En medio de cada una colocamos una cucharada de relleno. Las cerramos en forma de media luna y las sellamos apretando el borde con un tenedor. Las freímos por inmersión o las cocemos en el horno 20 minutos a 180 °C. En este segundo caso, las pintamos con yema de huevo.

Comentarios

Un aperitivo o tapa delicioso, vuestros comensales os lo agradecerán.

Pastas saladas

Ingredientes para 8 raciones  2 horas

Pasta: 100 g de mantequilla, 6 cucharadas de vino de jerez seco, 400 g de harina, 2 huevos, 10 g de sal, pimienta, 2 yemas de huevo para pintar. **Relleno:** 150 g de queso emmental, 2 latas de anchoas, 150 g de sobrasada, 100 g de almendras crudas.

Productos

Aparte de estos productos, que son muy normales y tradicionales en la elaboración de pastas saladas, se pueden utilizar otros, como atún, otros quesos, jamón, frutos secos, bacalao, ahumados, etc. Eso depende de la imaginación de cada cual.

Procedimiento

Pasta: removemos los huevos sin batirlos mucho, añadimos el jerez y reservamos. Echamos la harina en un bol con la mantequilla ablandada a trocitos, la integramos en la harina aplastándola con un tenedor y después con las manos. Añadimos sal, pimienta y la mezcla de huevos. Continuamos amasando, y cuando ya esté un poco unido, lo trasladamos a la superficie de trabajo. Amasamos hasta obtener una bola que no se pegue en las manos. La envolvemos con papel de film y la metemos en la nevera 30 minutos. La sacamos, la amasamos 5 minutos más y la dividimos en cuatro partes. **De queso:** estiramos la pasta y la cortamos a cuadritos, encima de la mitad de los cuadros ponemos un trocito de queso. Tapamos cada cuadro con otro igual y sellamos bien los bordes. **De sobrasada:** estiramos la pasta y la cortamos a redonditas, encima de la mitad de las redondas ponemos una bolita de sobrasada. Tapamos cada redonda con otra igual y sellamos bien los bordes. **De anchoa:** estiramos la pasta, la hacemos a tiras de 2 cm y ponemos las anchoas en medio, una detrás de otra. Envolvemos los rectángulos sobre ellos mismos y los cortamos en trozos de unos 4 cm. **De almendras:** estiramos la pasta y la cortamos a redonditas, encima ponemos una almendra. Pintamos todas las pastas con yema de huevo y las metemos entre 10 y 15 minutos en el horno a 200 °C. Deben quedar relucientes y doradas.

Comentarios

Es una receta entretenida, pero recomendamos probarla aunque sea una vez. Es una auténtica delicia, hasta el punto del vicio.